加强和改进思想政治工作

===== 中国政研会 2022 年度优秀研究成果选集 =====

中国思想政治工作研究会　编

学习出版社

图书在版编目（CIP）数据

加强和改进思想政治工作：中国政研会 2022 年度优秀研究成果选集／中国思想政治工作研究会编 . -- 北京：学习出版社，2023.10

ISBN 978-7-5147-1232-2

Ⅰ . ①加…　Ⅱ . ①中…　Ⅲ . ①政治工作－中国－文集　Ⅳ . ① D64-53

中国国家版本馆 CIP 数据核字（2023）第 193699 号

加强和改进思想政治工作
JIAQIANG HE GAIJIN SIXIANG ZHENGZHI GONGZUO
——中国政研会 2022 年度优秀研究成果选集
中国思想政治工作研究会　编

责任编辑：朱仕娣
技术编辑：胡　啸

出版发行：学习出版社
　　　　　北京市崇外大街11号新成文化大厦B座11层（100062）
　　　　　010-66063020　010-66061634　010-66061646
网　　址：http：//www.xuexiph.cn
经　　销：新华书店
印　　刷：北京中科印刷有限公司

开　　本：710毫米×1000毫米　1/16
印　　张：14.75
字　　数：172千字
版次印次：2023年10月第1版　2023年10月第1次印刷

书　　号：ISBN 978-7-5147-1232-2
定　　价：42.00元

如有印装错误请与本社联系调换，电话：010-67081356

目 录
CONTENTS

发挥先进典型的示范引领作用研究

北京市思想政治工作优秀单位、北京市优秀思想政治工作者评选表彰（以下简称"双优"评选表彰）是中共北京市委决定开展的思想政治工作专项表彰。本文通过对"双优"评选表彰示范引领作用进行全面梳理，对 30 年来的经验做法进行系统总结，对面临的形势任务和时代要求进行分析，提出进一步加强和改进的对策措施，以期通过该研究为发挥先进典型的引领示范作用提供参考。

一、发挥"双优"引领示范作用的有效做法

（一）坚持评选标准与时俱进，切实增强先进典型的现实感召力

先进典型是时代精神的具体体现。"双优"典型的评选，既把

全面发展、政绩突出、整体过硬作为基本条件，又根据时代要求和工作重点，提出反映现实要求和工作实效的标准，确保历届先进典型具有鲜明的时代特征，成为不同时期实现党的中心任务的排头兵。一是围绕中心任务和重点工作，发挥"双优"评选表彰的引领示范作用，唱响时代精神和主旋律。比如，2018 年突出"疏解整治促提升"，2020 年突出抗击新冠疫情，2022 年突出服务北京冬奥会、冬残奥会。二是围绕思想政治工作的重大决策部署，将要求融入评选标准，把工作落实情况作为考察实效，充分体现先进典型的时代性。三是反映时代变迁，将引领风气之先作为评选标准，用先进典型引领方向、鼓舞士气。四是不断扩大先进典型的覆盖面，近年来，已把"两新"组织纳入评选表彰范围。

（二）坚持评选过程公正公开，切实增强先进典型的社会公信力

北京市"双优"评选表彰，始终遵循科学严谨的评选表彰程序，确保遴选过程公开透明、客观公正。一是推荐充分体现民主。评选表彰按 130% 的比例提出推荐名额分配方案，按照评选要求，实行自下而上、差额评选、等额推荐的方法进行推荐，并进行公示。二是严格审核把关。按管理权限，对被推荐对象进行审核把关，充分征求组织人事、纪检监察、工商、税务、审计、环境保护、安全生产、行业主管等部门意见。三是坚持阳光公正评审。成立评审委员会，严格按照评选条件进行差额评选，提出拟表彰名单。四是接受群众监督评判。严格按照程序，将"双优"拟表彰名单在首都之窗、北京组工网、北京市思想政治工作研究会网站及其他市属媒体上进行公示，全面接受社会监督。

（三）坚持广泛深入宣传推广，切实增强先进典型的影响带动力

"双优"评选表彰宣传基层思想政治工作者的感人事迹，总结推广基层单位典型经验，是基层创新思想政治工作的生动教材和源头活水。一是广泛宣传发动，夯实先进典型的群众基础。"双优"评选表彰对象的产生始终坚持从群众中来到群众中去，让评选活动和名额分配人人皆知，让评选条件和要求人人明白，组织开展自下而上的推荐工作，确保初步推荐对象群众认可度高。二是加大宣传表彰力度，提升先进典型的影响力。北京市委向"双优"表彰对象授予"北京市思想政治工作优秀单位""北京市优秀思想政治工作者"称号，分别颁发"拓荒牛"奖牌和"丹柯"奖杯，彰显评选表彰政治荣誉的含金量。三是持续组织经验交流，推广转化先进典型

将思想政治工作贯穿党建工作全过程

做法。"双优"评选表彰工作始终注重搭建平台，把持续宣传典型、推广经验作为评选表彰工作的重头戏，编辑出版"双优"典型事迹汇编，举办"双优"先进经验报告会，组织市属新闻媒体大力宣传推广"双优"单位和个人的经验事迹，不断扩大先进典型引领的示范效应。

（四）坚持大力倡导学典型赶先进，切实增强先进典型的示范效应

"双优"评选表彰是对全市基层宣传思想工作的全面检验，选树的先进典型为思想政治工作树立标杆和典范。一是大力倡导向先进单位学习，努力形成思想政治工作新格局的促进机制。利用评选对全市机关、企业、事业单位、学校、农村、街道、社区的思想政治工作进行全面动员检查，树立起"两手抓，两手都要硬"的样板，促进基层思想政治工作落实，推动形成大思政工作格局。二是大力倡导以先进典型为榜样，努力形成强大的精神激励机制。优秀工作者的"丹柯"奖杯，独具匠心地借鉴高尔基描写的丹柯故事，赞扬他们热爱党的事业，勇敢忠诚、无私奉献，燃烧自己、照亮别人的优秀品质；优秀单位的"拓荒牛"奖牌，体现他们不负时代、不辱使命，勇于担当、积极进取，服务大局、砥砺前行的精神风貌，充分体现党和政府对思想政治工作的高度重视，充分激发思想政治工作者自觉立足岗位，大胆实践、积极探索，努力提高理论水平和业务素质，形成建设高素质政工队伍的长效激励机制。三是大力倡导求实务实，形成重视思想政治工作、尊重思想政治工作者的正向机制。旗帜鲜明、实事求是、生动形象地宣传展示思想政治工作的重要作用和实际成效，大力营造全党全社会共同做好思想政治工作的

良好氛围。

30年来，北京市"双优"评选表彰工作围绕中心服务大局，坚持与时俱进，先进典型选树一个巩固一个，经过实践和历史的检验，已成为被社会各界广泛认可的思想政治工作品牌。获表彰的单位和个人以卓有成效的工作业绩诠释思想政治工作"生命线"作用，充分肯定思想政治工作者的劳动价值与尊严，在全市形成重视思想政治工作、尊重思想政治工作者的浓厚社会氛围，为开展思想政治工作提供重要条件和机制保证。特别是党的十八大以来，在服务"四个中心"功能建设、提高"四个服务"水平，服务保障中心任务和重大活动中，"双优"典型干在一线、冲在一线，充分发挥思想引领和行为示范作用。

二、加强和改进"双优"评选表彰工作的重要性和必要性

（一）贯彻落实习近平总书记关于典型培育宣传重要论述的必然要求

习近平总书记对先进典型评选表彰工作高度重视，强调榜样的力量是无穷的，要充分发挥党和国家功勋荣誉表彰的精神引领、典型示范作用，推动全社会形成见贤思齐、崇尚英雄、争做先锋的良好氛围，激发实现中华民族伟大复兴的中国梦的强大正能量。强调要善于抓正面典型，及时发现总结创新举措和鲜活经验，以点带面，推动改革落地。强调学习先进典型，要有真真切切的情怀、老老实实的态度，注重联系实际学，把自己摆进去，更好改造主观世界、

用思想政治工作引领首都乡村振兴

履行工作职责，形成学习先进、争当先进的良好风尚。强调党树立起来的先进模范不能忘记，要关心、关怀、关爱英雄模范。强调加大先进典型宣传力度，创新形式、注重实效，把榜样的力量转化成为亿万群众的生动实践。习近平总书记关于先进典型的重要论述，为加强和改进先进典型的表彰工作提供了根本遵循，为做好"双优"评选表彰工作指明了方向。

（二）贯彻落实《关于新时代加强和改进思想政治工作的意见》的必然要求

中共中央、国务院印发的《关于新时代加强和改进思想政治工作的意见》（以下简称《意见》）是我们做好新时代思想政治工作的纲领性文件。《意见》指出，培养和发现先进典型是思想政治工作的重要任务，要"坚持先进性与广泛性相结合，在各行各业、各类群体中选树新时代的先锋模范"。发挥先进典型的示范引领作用是思想政治工作的重要方法，要深化先进典型学习宣传《意见》对先进典型的培养和宣传提出具体的要求，要"坚持尊崇褒扬先进与弘扬奋斗精神相结合，依规依法开展功勋荣誉表彰工作，探索完善先进模范发挥作用的长效机制，激发人们的思想认同、情感共鸣和效仿意愿"。加强和改进"双优"评选表彰工作，必须以《意见》为指导，紧密结合北京实际，深入抓好贯彻落实。

（三）加强和改进北京思想政治工作的必然要求

当前首都思想政治工作面临新的挑战，"双优"评选工作存在一些不容忽视的问题："双优"评选机制有待进一步优化，"双优"品牌影响力有待进一步提高，"双优"典型的跟踪培养有待进一步加强。这些问题的存在，制约"双优"评选表彰工作有效开展，影响"双优"典型示范引领作用的发挥，需要着眼首都经济社会发展新形势新任务新要求，不断优化评选表彰机制，改进宣传方式方法，营造关心关爱先进典型的社会环境，进一步提升品牌影响力、感召力，为推动新时代首都发展发挥应有的作用。

三、进一步发挥"双优"引领示范作用的对策建议

（一）优化评选机制，厚植"双优"典型的社会基础

一是坚持首善标准，突出政治性。"双优"评选表彰是北京市委组织推动全市思政工作的创造性举措，必须落实"看北京首先要从政治上看"的要求，自觉把习近平新时代中国特色社会主义思想

作为评选表彰工作的重要遵循，贯穿评选表彰工作的全过程和各方面。必须认真贯彻落实习近平总书记一系列重要讲话精神，牢记"国之大者"，坚持把加强首都"四个功能"建设、提升"四个服务"水平作为评选表彰的风向标，突出思想政治工作在首都高质量发展中的价值引领力、思想凝聚力、精神推动力。

二是优化评选办法，突出群众性。坚持以人民为中心的发展思想，把人民群众高兴不高兴、满意不满意、答应不答应，作为衡量"双优"评选表彰工作成效的重要准绳，真正选树人民满意的"双优"。拓宽视野，充分考虑评选对象的覆盖面，逐步扩大社会推荐比例，适时引入群众自荐机制。深化群众参与，在评选表彰工作中，把"双优"典型与时代楷模等中央重大典型宣传对接，适当采用群众投票方式，将各行各业中群众认可度高的过硬典型选出来。加强群众监督，在评选表彰名单公示环节，广泛征求群众意见，做好群

真心办实事　真情暖民心

众监督工作。

三是深耕思想政治工作领域，突出专业性。加强研究，准确把握思想政治工作内在规律、时代要求，切实做到评选标准、评选办法和宣传表彰等体现时代性、把握规律性、富于创造性，为思想政治工作创新发展提供支持引领。完善专家评审机制，提升"双优"评选在业内的影响力和知名度。加大实际考察比例，不断提高考察的科学性、有效性，切实把自觉坚持守正创新、工作成绩突出、实际效果显著的单位和个人评选出来。

（二）强化宣传推广，提升"双优"群体影响力辐射力

一是深挖典型事迹，讲好"双优"故事。系统挖掘"双优"事迹中的先进性、典型性、时代性，按照真实生动、可亲可信可学可用的标准，从不同侧面展现典型的闪光点，凸显时代精神、行业特征和个人魅力，让"双优"典型的事迹更加鲜活生动，持续做好"双优"事迹的编发。利用北京日报、门户网站及时报道展示"双优"典型事迹。注重跟踪培养，对既往表彰对象的情况进行摸排，组织召开历届先进典型代表座谈会，引领他们在新时代首都发展中再立新功。

二是打造立体宣传，强化矩阵效应。加强对"双优"品牌宣传的总体策划，市区各部门上下联动，对"双优"评选表彰进行全过程全方位宣传报道。用好主渠道、主阵地，彰显"双优"评选表彰的权威性。充分发挥新媒体平台受众广、传播快的优势，让"双优"评选表彰宣传更贴近生活、更贴近大众。用好标语、板报、宣传栏等传统媒介，大力营造评选表彰的浓厚氛围，让"双优"典型事迹入耳入脑入心，成为各单位积极追求的目标和社会认可的活动。

三是强化大众普及，引领社会风尚。挖掘"双优"典型事迹，将"双优"事迹纳入各级宣讲内容，以小说、戏剧、影视剧等文艺表现形式引导人、鼓舞人、塑造人，组织开展"双优"事迹进机关、进单位、进企业、进乡村、进社区、进学校活动，用"双优"的典型事迹、优秀品质和崇高精神引领社会风尚，形成见贤思齐、崇德向善的良好氛围。

（三）完善关爱激励机制，增强"双优"吸引力感召力

一是加强政治关怀。加强教育培养，定期开展党的创新理论学习研讨，确保"双优"理论清醒、政治坚定。加强日常监督管理，让"双优"在思想和行为上始终保持先进性和纯洁性。优先推荐符合条件的"双优"单位主要领导和优秀个人，作为党的各级代表大会代表候选人、人大代表候选人、人民政协委员人选，优先推荐和选拔符合条件的"双优"单位主要领导和优秀个人进入群团组织，让"双优"在各个领域发挥引领示范作用。举办隆重的表彰仪式，增强"双优"典型的荣誉感和仪式感。邀请"双优"表彰对象参加全市重要庆典、重大纪念活动，彰显社会尊重，营造礼遇"双优"的浓郁氛围。

二是加强组织关怀。畅通交流使用渠道，树立良好的用人导向，为先进典型交流使用创造条件。鼓励干事创业，给先进典型压担子、交任务，在工作实践中培养锻炼。建立科学的容错纠错机制，消除先进典型的后顾之忧，支持鼓励先进典型开拓进取、积极创新，立足岗位作出新的更大成绩。定期开展业务培训，更新知识交流经验，不断提升"双优"典型的工作能力和水平，为他们学习深造和在职学习提供保障。加强对优秀思想政治工作者的职业规划和指导，提

升工作能力，助力先进典型成长。

三是加强人文关怀和心理疏导。关心先进典型的身心健康，定期组织健康体检，有条件的组织集体疗养，做好心理疏导，使其始终保持良好的精神状态。定期开展谈心谈话，及时了解思想动态。建立"双优"关爱档案，全面掌握"双优"典型在学习、工作、生活和家庭等方面的情况，主动协调解决困难和问题，在子女入学、就业等方面给予帮助和指导，建立专人联系制度，开展定期回访。

（四）拓宽平台载体，让"双优"精神在实践中发光发热

一是建立"双优"联盟。充分发挥思想政治工作研究会作用，建立思想政治工作优秀单位联盟和优秀思想政治工作者联盟，从制度建设、功能建设、队伍建设、社会服务等方面加强交流合作，提高思想政治工作水平和业务能力。聘请高水平专家学者对"双优"典型进行培训，围绕首都思想政治工作亟待解决的重大理论与实践问题开展课题研究，探索新时代思想政治工作的特点和规律。加强实践创新，不断探索和改进联盟工作机制，把"双优"联盟打造成"思想政治工作者之家"。

二是建立先进典型工作室。充分发挥先进典型的传帮带作用，成立以优秀思想政治工作者命名的工作室，做好言传身教，加强实践锻炼，开展经常性"学讲评"活动，把优秀思想政治工作者工作室办成思想政治工作志愿者的聚集地和孵化器，为单位培养一支热爱思想政治工作、善于做群众工作的志愿者队伍，让"双优"精神代代相传。

三是建立思想政治工作示范点。发挥思想政治工作优秀单位示范作用，坚持优中选优，按照机关、学校、企业、农村、社区的分

类，从历届思想政治工作优秀单位中选出思想政治工作作用发挥特别突出的先进单位，确定为思想政治工作示范点，并授予"北京市思想政治工作示范点"牌匾，为基层单位提供思想政治工作样板。组织经验介绍、现场参观，通过以点带面，不断提升首都基层思想政治工作的质量和水平。

推荐单位：北京市政研会

作　　者：陈　清　尹新建　董　微

当前南京民营企业家思想状况调查研究

民营经济是社会主义市场经济的重要组成部分。习近平总书记在党的二十大报告中再次提出"两个毫不动摇",表明党的一贯主张和鼓励支持民营经济发展的方针政策没有改变,给民营企业家送来了一颗"定心丸"。本研究结合对 148 家企业的实地调研、87 位民营企业家的访谈以及在南京范围内发放的 251 份问卷调查,对当前南京民营企业家信心程度和未来期盼进行了深入分析,以期为新时期激发企业家创新动能、推动民营经济高质量发展提供对策建议。

一、当前南京市民营企业家思想状况研判

从调研和访谈的总体情况来看,民营企业奋发进取,积极行动,整体发展向好。民营企业家心态"主动、积极、自信、责任"的主旋律愈加明显,具体体现在以下 4 个方面:

（一）对"未来期望"的信心倍增

随着中国社会的数字化转型以及各产业生态的自我觉醒，民营企业家群体的信心指数在逐步提升。尤其随着南京创新型城市建设的持续推进，民营企业家群体的发展环境得到进一步改善，越来越多的民营企业家投身到技术研究领域。问卷显示，有超半数的民营企业家认为中国未来 5 年经济社会发展的质量预期"会比现在更好"。

（二）"短期阵痛"不减攻坚克难信心

受国际形势影响，很多民营企业家面临的具体困难远比想象中要艰巨和复杂。短期内，一些企业家特别是中小微企业家，千方百计想尽办法渡过难关，认为目前"短期阵痛"属于正常现象。同时，企业家们表示，政府出台的纾困政策及时有效，对稳住企业生产经营发挥了积极作用。问卷表明，面对当前形势，有 23.90% 的企业家表示会"抓住机会、开拓进取"，64.14% 的企业家认为自身"积极乐观、勇敢面对"。

（三）寻求"前瞻发力点"的心态迫切

近年来，大数据、人工智能等新技术得以广泛应用，民营企业作为创新主体，更加敏锐地捕捉到前瞻性的发力点，能够根据外部环境的变化及时调整经营和技术应用的策略。网络直播、微商电商、新个体经济的层出不穷，在推动经济发展、带动就业增收、服务群众生活等方面发挥着不可替代的作用。访谈中，一些企业家提出"新基建"、跨境电商等领域既是当前的主攻方向，也是未来适应新技术变迁和消费新形态的发展方向。同时，部分企业家认为，一些发展中国家、"一带一路"国家在大力发展基础设施建设时对"中国制造"的依赖性也越来越强，为企业开拓新市场提供了重要机遇。

（四）家国情怀与社会责任担当增强

近年来，民营企业更加积极关注社会公益事业，参与绿色环保、扶贫济困、教育助学等公益行动。如75%的企业积极参与清洁能源使用、错峰节能用电、"光盘行动"等活动。新冠疫情期间，有76.22%的个体工商户积极参与疫情防控相关工作，一方面坚持做好物资储备和供应，做到不涨价、不囤货，严守市场秩序；另一方面，发扬一方有难、八方支援的优良传统，落实政治自觉和责任担当。此外，还有一部分"老工匠""老字号""手艺人"的民营企业，在非遗传承、传统文化弘扬等领域中发挥出积极作用。

二、影响民营企业家心态的外部因素分析

（一）疫情影响企业家发展"信心"

自疫情发生以来，企业家心态不可避免受到其影响，根据问卷调查统计结果，企业家发展预期发生波动，2020—2022年三年来对经济发展缺乏信心的民营企业家占比有所增长，但对经济发展"非常有信心"的民营企业家高于2020年和2021年。多数企业家对防疫政策优化调整后，国内市场恢复、企业稳定用工、财税持续帮扶等方面存在较大顾虑。

国际环境方面，民营企业家对经营环境稳定性的不安感明显增强，海外投资持谨慎态度。调研发现，企业家对于国际运行环境的稳定性较为担忧。国内环境方面，2022年国内消费增长依然面临不少挑战。

（二）纾困不足造成企业家"担心"

近年来，政府针对市场主体需求注重多种政策工具协同组合，不断加大减负纾困力度，着力稳定宏观经济大盘。但受原材料、物价全面上涨等因素影响，部分行业企业以及中小微企业生产经营困难，且企业家金融财税政策受益情况较2021年未得到显著改善。中小企业普遍感到创新产品推广困难，有78.7%的企业家反映市场开拓成本较高，20.1%的企业家反映首台套、首批次推广难。这一方面是因为中小企业对产品的宣传力度不足，另一方面则是由于采购单位在选择产品时更倾向于行业的头部产品，这使得中小企业在市场推广竞争中不具备优势。

（三）资源供给少引起企业家"烦心"

与2019年相比，2022年民营企业家对未来自身企业发展的预期较低。一些民营企业家表示，由于原材料价格上涨，挤压了企业的利润空间，不打算开拓新的业务。民营企业现金流紧张问题突出，一是受到市场大环境影响导致的回款周期慢，回款周期由原来的2—3个月普遍拉长到5—6个月；二是政府奖补资金到账慢。因此，民营企业在新投项目投产推进过程中，资金越发紧张、用工计划不断调整等资源性限制在所难免。

此外，相当一部分民营企业家坦言，所在行业内关键核心技术人才大部分在境外及国有龙头企业，70%的企业对于引聘这些人才感觉力不从心。随着国外收紧高端人才流动，对技术创新关键领域的人才供应"卡脖子"，导致一些合作项目停摆。在企业用工调整计划方面，与2019年相比，分别有6.56%和25.53%的民营企业家表示企业2022年用工计划人数"减少50%及以上"和"减少30%—50%"。文化体育和娱乐业、建筑业、租赁和商务服务业、机械和设备修理业等行业用工计划相对降幅更大。

三、当前民营企业家心态方面值得关注的问题

（一）政策门槛壁垒高、行政审批周期长，企业家政策获得感不强

访谈和调研中，不少企业家指出，虽然国家出台了一系列针对民营企业发展的政策，但在现实中很多政策的享受还存在一定门槛。如地方政府在考核企业过程中，部分企业在资金补助领取方面存在较高门槛。以创新创业补贴政策为例，"税收""教授""海归"等指标成为硬性考核，导致很多企业在创业初期，难以达到申请资金补助的评定标准，企业家政策获得感不高。此外，一些企业家指出，建设项目中各项资质的审批也成为较大困扰，例如环境影响评价、能源技术评价、安全评价等。

（二）人才匮乏、资金趋紧，企业家社会焦虑感增强

近年来，高技能蓝领工人、高素质科技人才"招引难、留人难"成为企业特别是民营企业普遍面临的难题。特别是阶段性、结构性

用工矛盾突出，普通工人难招、技术工人难留、科技人才难求、管理人才少有，已成为目前民营科技企业的共性问题。问卷显示，有26.69%的企业家认为招工难、人才紧缺成为企业发展面临的主要瓶颈之一。大部分民营企业在技术创新能力及产业链水平等方面存在明显差距，高端产业缺位使得民营企业难以虹吸中高端人才。资金来源方面，不少企业家反映，存在"投资机构资金放贷难、中小企业贷款难"的两难局面。

（三）技术创新路径单一、技术创新受制于人，企业家创新压力大

近年来，企业创新主体地位显著提升，但真正能够依靠自主创新独立获取绝对竞争优势的民营企业还不多，52.02%的企业家认为技术迭代风险加大。一是技术研发难度加大。调研显示，面临技术威胁时，70.22%的企业仍寄希望于自主研发来破解困局。二是技术供需存在鸿沟。调研发现，有82.28%的受调查企业认为实现其关键技术是通过自主研发获得的。此外，高校院所的技术成果产业化开发还有较高风险，技术供给和支撑能力有待进一步提高，大部分产学研之间的"供需鸿沟"还需进一步填平。

（四）创业失败面临的风险、压力较大，企业家创新精神、冒险精神受到抑制

即使在发达的现代化市场经济国家，创新的成功率也只有5%左右。调研中，很多民营企业家表示，创业过程中，创业失败是常态，大部分企业在激烈的科技竞争、市场竞争、产品竞争中被淘汰。需要关注的是，很多具有创新精神、冒险精神的企业家倾其所有、

搏命创业，而一旦失败，将面临创业失败所导致的失信、民事责任、整体社会评价降低等风险，给企业家带来极大的压力，导致社会焦虑和心理压力弥漫。

四、提振企业家信心的相关建议

（一）加强政策可读性、稳定性与延续性，提振企业家发展信心

一是完善涉企政策出台前征求意见的具体方案。涉企政策起草部门完成涉企政策初稿和起草说明后，应遵循"重点政策广泛咨询、专业政策定向咨询、一般政策个别咨询"的原则，征求与政策关联性强的有关民营企业家智库成员、行业协会和商会的会长、秘书长、企业家的意见。二是建立常态化政企沟通机制。建立常态化机制为企业定期解读政策重点，加大党校、行政学院、高校、智库等机构对企业家的培训和宣讲力度，帮助企业找准方向，少走弯路。三是明确"政策递减期"，增强政策稳定性和持续性。政策制定前，充分调研、充分论证、充分听取企业和行业协会商会意见；一旦确定，结合实际设置合理的"政策缓冲期""政策递减期"，增强制度的可预期性；在政策结束时，通过评估产业发展现状及成果，对政策进行客观评估。

（二）多措并举提升中小企业抗风险能力，坚定企业家发展决心

一是切实破除企业融资难题。鼓励商业银行积极运用大数据、

区块链等技术，探索建立小微企业贷款容错机制，改进授信审批和风险管理模型，根据企业物流、信息流、资金流的评价结果，持续加大小微企业首贷、续贷、信用贷、中长期贷款投放规模和力度。二是协同合作解决企业招工难问题。鼓励和支持各类高校与公司形成人才使用的培养机制。利用大数据和人工智能技术应用，动态关注企业生产经营状况、职工规模和用工状况，了解返岗情况和用人需求。三是切实改善企业创新发展难题。鼓励社会资金、政府基金与企业创新项目之间的互动和合作，搭建多方信息交流、合作平台，降低企业在创新发展中的试错风险，激发企业加大对产业投资、技术创新的持续性投入。

（三）营造服务优质、公平公正的营商环境，增强企业家发展恒心

一是进一步放宽市场准入限制。支持民间资本参与项目运营和项目建设，鼓励民营企业加大"两新一重"领域投资；合理设置招投标条件，不对民营企业增设准入条件；及时清理各类前置审批和中介服务，切实降低各种产业和行业的准入门槛。二是积极构建新型政商关系。建立企业服务联动会商机制，解决企业用地难、融资难、用工成本高、人才和高端技术匮乏等实际困难。探索建立定点联系、定期走访、会议论坛、惠企政策监督员及咨询专家等常态化政企沟通机制，推动涉企政策精准落地。三是营造鼓励创新、宽容失败的文化和社会氛围。搭建各类企业家互相学习交流平台，实现优势互补、压力缓解、经验分享。探索建立创新风险提示机制，建立创业保险、担保和风险分担制度。

（四）激发民营企业家创新潜能，坚定民营企业家发展匠心

一要建设重大项目创新联合共性平台。同步启动关键领域核心技术验证平台建设，优化重点领域科研平台研发布局和力量部署，完善关键核心技术"研发—验证—回馈—优化"的攻关机制。二要建立健全科技风险防控协同机制。建立重大科技安全事件应急处理机制，对新技术、新产业发展及时形成广泛参与的动态治理结构。探索建立全生命周期技术成熟评价制度，全方位介入企业与高校和科研院所的产学研活动，形成重大科技进步与产业技术创新协同推进的有效机制。三要全面启动"科技供应链再造"工程。支持龙头骨干企业、产业技术创新联盟加强供应链管理，积极拓展关键核心技术及重要装备的供货来源，有条件的提出国产化策略，优化企业供应链结构。

（五）增强民营企业家社会责任感，保持民营企业家发展初心

一是支持民营企业参与国家重大战略。加强与重点国家和地区工商领域社会团体及其驻华机构的交流合作，继续支持引导民营企业参与"一带一路"建设。鼓励民营企业参与新能源、大容量储能设施等示范项目投资及建设，为实现碳达峰、碳中和发挥重要作用。二是推动企业积极履行社会责任。建立健全民营企业履行社会责任的激励和监督机制，加强相关部门与中介机构、行业协会、新闻媒体、社会公众等的联合监督，充分发挥舆论在促进企业承担社会责任方面的作用，对企业履行社会责任的典型事件进行正面报道，提高企业履行社会责任的自觉性。三是大力弘扬优秀企业家精神。加强企业家队伍建设，通过实施"新时代企业家培训工程"等活动，

着力提升民营企业家综合素质和经营管理水平；树立正确的舆论导向，加强宣传民营企业家的先进事迹，表彰具有突出贡献的民营企业家，弘扬民营企业家敬业报国、回馈社会的企业家精神，营造尊重民营企业家价值、鼓励民营企业家创新、发挥民营企业家作用的舆论氛围。

推荐单位：江苏省政研会

作　　者：郑琼洁

铁路系统构建智慧思政工作体系推动企业高质量发展研究

智慧思政是依托和应用大数据、云计算、区块链、5G 网络、移动互联网、人工智能等新技术，创建数字化工作场景，整合各类要素和资源，创新拓展网络思想政治工作方法，以精准化、智能化、人文化、科学化持续提升思想政治工作的整体效能。铁路系统以 App 平台建设为抓手，构建涵盖四大平台模块、两个基础、三项功能、两类保障的"4232"铁路智慧思政工作体系，对于推动思想政治工作传统优势与信息技术深度融合，进而推动企业高质量发展提供了有益借鉴。

一、构建铁路智慧思政工作体系的重要意义

（一）构建智慧思政工作体系是全面迅速把党的声音、党的主张贯彻到铁路一线的政治要求

构建智慧思政工作体系，加强网络思想政治工作，能更好地宣

传贯彻党的基本理论、基本路线、基本方略，迅速推动党的创新理论进一线、到班组；能更好地掌握舆论宣传主动权，构建网上网下同心圆，巩固马克思主义在意识形态领域的指导地位，厚植党在铁路企业的执政根基。

（二）构建智慧思政工作体系是当好服务和支撑中国式现代化建设"火车头"的必然选择

党的十八大以来，我国加快建设网络强国、数字中国、智慧社会，以数字化转型整体带动生产方式、生活方式、治理体系变革。在当好服务和支撑中国式现代化建设"火车头"的新征程上，铁路思想政治工作唯有更加主动地适应数字化、智能化、智慧化要求，搭建数字平台，用好数字资源，提升干部职工数字思维、数字技能和数字素养，方能为率先实现铁路现代化筑牢思想根基。

（三）构建智慧思政工作体系是新时代加强和改进铁路思想政治工作的重要举措

近年来，铁路系统建立起直通一线的办公网系统，推动媒体融合发展，在"互联网＋思想政治工作"、大数据思想政治工作方面取得了初步成效。进一步推动思想政治工作向智慧化提档升级，是推动思想政治工作传统优势同信息技术高度融合，增强时代感和吸引力的内在要求，是提升思想政治工作水平的有效抓手。

（四）构建智慧思政工作体系是及时了解职工思想动态、实现精准施策的有效途径

思想政治工作的本质就是做人的工作。当前职工思想政治工作

的许多新情况新任务，在很大程度上是因网而生、因网而兴。构建智慧思政工作体系，将有利于广泛汇聚职工思想、行为数据，把事关人的工作从传统的分散和低效率状态转变为现代化的集成和高效率状态；将有利于精准掌握干部职工的所思所想所盼，及时解决职工的思想问题和实际问题。

二、构建铁路智慧思政工作体系的总体思路和基本原则

（一）总体思路

以中国铁路南宁局集团有限公司为代表的铁路企业，打造"4232"铁路智慧思政工作体系，建设学习、工作、管理、交流四大平台模块，以数字驱动和人才驱动为基础，以实现智慧决策、智慧育人、智慧服务为主要功能，对铁路思想政治工作的客观工作环境、知识学习环境、过程管理环境、交流互动环境进行智能化升级，强化组织保障、机制保障，促进数字化管理，以加强党对铁路企业的领导，推动政治学习、思想教育、人文关怀精准施策，推进企业改革发展与思想政治工作双向互融，实现思想政治工作全员、全程、全方位"三全育人"目标。

（二）模型构建

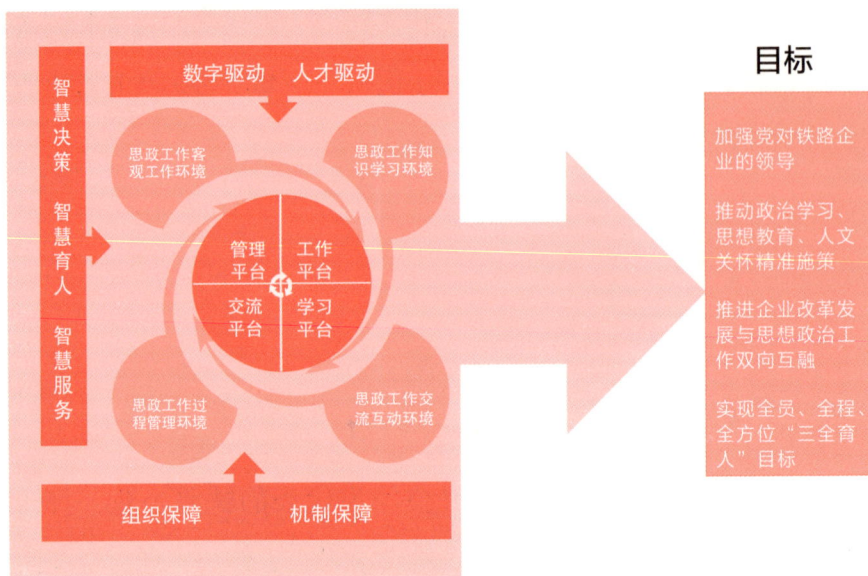

图1　铁路企业"4232"智慧思政体系构建模型示意图

（三）基本原则

1.坚持党的全面领导。把坚持和加强党的全面领导贯穿智慧思政建设各领域各环节，强化系统观念、加强系统集成，统筹推进技术融合、业务融合、数据融合，促使各级组织、各部门、各单位共同做好思想政治工作。

2.坚持围绕中心、服务大局。围绕铁路企业改革发展、生产经营目标，紧扣铁路中心任务，以智慧化促进政治学习与业务学习同部署、思想提高与情感认知双促进、职工个人与企业愿景共成长。

3.坚持以人为本。坚持以人民为中心，坚持数字普惠，消除数字鸿沟，强化信息化技术、新媒体与受众的连接，以智慧思政增强对职工群众思想情绪的感知和影响力，推动决策部署科学化、企业治理精准化、服务职工高效化。

4. 坚持守正创新。既要充分发挥思想政治工作传统优势，又要提升时代感、感召力，以智慧思政更好地满足职工群众的智慧工作和生活。

三、构建铁路智慧思政工作体系的主要策略

（一）打造四大平台模块：以"智慧党建"App 为抓手，推动学习、工作、管理、交流智联互通

铁路企业在分系统研发移动平台的基础上打造了"智慧党建"App，构建智慧学习、工作、管理、交流平台模块。

1. 以"智慧"赋能学习平台，完善智慧思政教育供给。一是打造云端学习课堂，让学习推送更加精准。统筹 12 家具有政治教育职能的部门力量，适应新时代大众传播规律，贴合职工群众喜好，以短视频为主、音频和图文为辅的《敦行》电子资料包，通过云端发布到基层单位，为政治学习提供"新鲜养料"。二是打造移动考试终端，让考核更加便捷。每季度组织干部职工开展线上学习考试，开展学习闯关，建立基于平台数据的效果评价指标，提升职工政治学习的积极性。三是打造网上舆论阵地，让职工归属感更加强烈。依托"1+18+N"全媒体阵地开展全天候、全覆盖、全开放的立体宣传，形成媒体矩阵，优化栏目设置，使职工能直观感受铁路日新月异的发展变化和先进典型的精神品质。

2. 以"智慧"赋能工作平台，丰富智慧思政教育情境。一是整

铁路企业依托手环收集机车乘务员健康数据，保障行车安全

合工作平台。按照集约化的思路，将各部门各单位自主研发的20余个党务类的平台整合到一个平台集成展现。二是打通信息堵点。整合数据制式，打破安全管理、学习培训、职工健康等系统之间的数据壁垒，通过数据资源共享，广泛汇聚职工思想、行为数据。三是提供便捷服务。实现职工个人信息、党务信息、有关政策等"一键查"，技术规章、技能培训、模拟考试等"一点通"，学习记录、困难帮扶求助申请、安全隐患举报、合理化建议等"一网办"，搭建企业与职工之间的"连心桥"。

3. 以"智慧"赋能管理平台，提升智慧思政教育效能。一是线上线下精准对接。根据"线上"内容的访问量、点赞数和网上评论等，运用大数据分析，及时生成职工的关注点和思想倾向，为"线下"设置教育内容提供参考；把"线下"的倾向性问题及时转化为"线上"跟进方案。二是问题对策高效联动。针对生产力布局调整、收入分配政策变化等职工关注的热点问题，组织职能部门以电视访谈的形式"讲政策";针对情绪表达类问题,通过面对面谈心、网络"问诊"服务,找准产生问题的根源;针对职工合理化建议,通过开设"微征集",对有价值、可利用的建议予以采纳和奖励。三是工作任务自动提示。以思想政治工作标准、制度、流程为主要依据,建立思想政治工作者履职清单,推动照单履责、提质增效。

4. 以"智慧"赋能交流平台,创新智慧思政教育手段。一是畅通诉求渠道。办好《职工有话说》栏目,在线收集职工意见建议,让一线职工主要利益诉求和关注的热点问题"有出口"。二是组织在线征集。在疫情防控、春暑运、生产布局调整关键时期,通过各类在线问卷与投票管理,运用量化计分、智能分析、快速动员等手段,实现网上意见的实时征集。三是开展网络纾困。健全"线上答疑、线下办理"的工作机制,推动相关部门限时办理并在网上给予答复,做到件件有回音,事事有着落。

(二)夯实两大基础:加强数字驱动和人才驱动,为智慧思政工作体系建设提供数据支撑和人才支撑

数据作为新型生产要素,是数字化、网络化、智能化的基础,掌握大数据技术、精通思想政治工作的创新型复合人才队伍,是智慧思政实施的前提。

1. 实现思想政治工作数字化转型。一是教育对象信息的数字化。按照"一人一档、全面收集"的思路,借助新技术在部分试点单位打造职工思想政治工作大数据信息系统,广泛采集职工政治理论学习、业务技术培训考试、奖惩事项、工作经历等七大指标数据。二是教育实现途径的数字化。通过开放和应用数字化软件,对思政

工作的沟通环境进行智慧解析和效率提升，打通传统思想政治教育"一对一"沟通的物理分界，充分搭建起"承载平台＋技术前端＋思想政治教育"生态场域，并以可视化方式完成信息推送。三是教育评价手段的数字化。充分发挥数字驱动下思想政治教育数据资源包的聚点优势，强化数据运用，加强对思想政治教育资源的数字化处理、情感分析，有针对性进行教育评价。

2.培养思想政治工作创新型复合人才。一是以更加积极的政策培养人才。在各类培训班开设大数据运用相关课程，丰富机关、站段、车间各级管理干部，特别是党群干部在信息传媒、舆情分析、数据运用等方面的知识。二是以更加开放的政策引进人才。加强信息化管理、研发、运维、网络安全人才队伍建设，合理设置人员配比，加强与高校、大数据及互联网知名企业交流与合作，做好高端、紧缺人才的引进和复合型人才的培养。三是以更加有效的政策用好人才。明确思想政治工作者的日常培训学习考核标准，把信息能力素质作为干部选拔任用资格的评定条件，确立完善的激励体系，确实让先学者先进、优学者优先，打造"一专多能"的思想政治工作人才队伍。

（三）实现三大功能：智慧决策、智慧育人、智慧服务，实施全过程性思想政治教育

基于算法的深度学习是智慧思政生成的核心，有助于实现智慧决策、智慧育人、智慧服务三大功能，使思想政治工作实现从"人为"到"为人"的价值转向。

1.实现智慧决策功能。一是数据采集。综合运用数据采集、数据挖掘、数据交互等技术手段，大力推进各领域工作系统深度整合，

充分采集职工信息，客观地为职工绘出多维度、立体、全方位的"全息影像"。二是数据分析。对职工的信息数据采取矛盾分析、比较分析、因果分析、定量分析、系统分析等方法综合分析，形成职工思想状况报告，更好地让数据"说话"。三是数据建模。分类建构职工安全行为预警模型、职工健康预警模型、职教培训模型，为单位决策提供参考。

2. 实现智慧育人功能。一是全员育人。打破不同背景、不同教育目标的教育主体协同育人的空间限制和技术掣肘，让不同层级、不同部门对职工协同施教成为可能。二是全程育人。把价值引领贯穿思想教育的各个环节，不间断、有序化地覆盖育人全过程，做好一人一事职工思想工作，变"应急补救"为"日常教化"。三是全方位育人。强化思想政治工作与职工生活、企业生产经营等方面信息交汇互动，让思政工作融于智慧环境、融入职工智慧生活，打造"线上＋线下"的全方位育人格局。

3. 实现智慧服务功能。一是上下沟通更顺畅，形成党建引领、凝心聚力的新途径。部门信息和数据的采集由"追着要"向"找上门"转变，职工的需求和诉求由"绕弯走"向"直通车"转变，思想政治工作更加贴近企业发展的脉搏和职工的心声。二是事务办理更便捷，形成发挥党的政治优势、组织优势与群众工作优势的新平台。交纳党费、党务公开、厂务公开等事务性工作可以实现"一站式"办理，为党组织发挥作用、党员履行权利义务提供便利。三是职工成长更快速，形成加快职工思想素质、业务素质提升的新载体。职工可以查询理论和实作成绩，还可以有针对性地进行题库练习和模拟考试，为坚定不移听党话、跟党走和掌握新技术、提升新技能打开方便之门、铺设晋级阶梯。

（四）健全两大保障：强化组织保障、机制保障，推动思想政治工作责任落地落实

智慧思想政治工作渗透于铁路企业安全、生产、经营、管理等各环节的中心工作，必须健全铁路智慧思政工作保障体系。

1.强化组织保障，构建齐抓共管格局。一是做好顶层设计。由党委牵头做好责任分工、任务分解、流程细化、评价标准。二是发挥横向助力。树立"一盘棋"观念，构建"一体化"工作格局，打破业务边界壁垒，构建起宣传部门组织协调、有关部门和群团组织分工负责、全员共同参与的大格局，加强政策、资金、人才等方面统筹协调。三是加强纵向支撑。构建"铁路局集团公司—站段—车间—班组"四级管理网络，融入党委思想政治工作责任清单、车间班组思想政治工作基本规范，层层逐级压紧压实责任。

2.强化机制保障，助力思政高效运行。一是构建问题解决机制。对大数据系统反映出来的职工思想和工作问题，由大数据系统派发任务单，明确责任单位、责任部门和责任人解答和回应，通过各项数据盯控问题的限期落实、重点督办和回访销号。二是构建安全保密机制。坚持信息发布"谁发布、谁负责，谁审核、谁负责"的原则，严禁发布商业秘密、工作秘密或未经过安全审核和保密审查的内部消息、文件和资料。坚持"实名制"原则，禁止以截图、复制、转发等方式，发布、扩散或炒作内部信息，履行净化网络空间责任。三是构建考评问责机制。针对各级组织在履责过程中不作为、慢作为，采取通报批评，纳入考评考核等方式推动责任落实；对问题处置效率高、效果好的单位，挂钩各级各类先进评选、表彰嘉奖、宣传推广。

铁路职工通过 VR 系统开展"沉浸式"学习

四、构建铁路智慧思政工作体系的启示

思想政治工作说到底是做人的工作，人的思想没有固定模式，思想政治工作同样也没有固定模式，要顺应数字化、网络化、智能化的"浪潮"，与时俱进、动态发展、持续完善。

（一）必须坚持理念为先，以"智慧"思维担当时代课题

国有企业要紧贴前沿技术、顺应时代洪流，以"智慧"思维抓住时代特征下的契机，助力思想政治工作的全面智能化变革。国有企业思想政治工作者要提升网络意识，充分认清新媒体场域中国有企业思想政治工作环境发生的变化，勇于学习、善于学习，为提升企业思想政治工作效能奠定思想基础。

（二）必须坚持守正创新，以"智慧"体系完善思想政治工作运行机制

运行机制的科学完备水平，是思想政治工作制度成熟的重要标志。思想政治工作现有运行机制与信息化数据手段的深度融合将会推进思想政治工作流程再造，为思想政治工作的运行加平台、加融合、加服务、添助力，形成线下线上优势互补，实现"面对面"与"键对键"的有机结合。

（三）必须发扬斗争精神，以"智慧"力量把握网络意识形态主动权

当前，互联网正成为意识形态斗争的主阵地、主战场、最前沿。把网络思想政治工作开展好，必须发扬斗争精神。要充分利用算法技术加强对话语传播的选择权和控制权，防止不良信息在网络空间传播，实现"量体裁衣式"的内容推送和价值融入，让正能量始终充盈网络空间。

推荐单位：中国铁路政研会

作　　者：李翌科　冯　皓　吴曦霞

兵器工业集团驻外员工"三导"工作实践研究

中国兵器工业集团有限公司（以下简称"兵器工业"）经过多年国际化经营实践，构建了驻外员工思想引导、心理开导、情感疏导（以下简称"三导"）工作模式，以之作为履行强军首责和共建"一带一路"的重要保障、应对国际化经营风险挑战的内生动力，进一步丰富和拓展了新时代思想政治工作内涵和路径，为新形势下加强和改进驻外员工思想政治工作提供了有益借鉴。

一、驻外员工专项调研分析

课题组运用专业量表，从思想、心理、情感的 26 个维度开展驻外员工专项调研，并对 822 份问卷分析得出如下结论。

（一）现状总体分析

1. 思想方面。驻外员工在政治立场、政治方向、政治原则、政治道路上坚决同以习近平同志为核心的党中央保持高度一致。

2. 心理方面。驻外员工坚韧性较强。但其心理健康仍存在不同程度的困扰，其中强迫症状（33.1%）、工作压力（26.3%）两方面问题较为突出。

3. 情感方面。驻外员工在企业有较强的获得感与归属感，但仍存有工作—家庭冲突（37.3%）等负面情绪或情感问题。

（二）影响因素分析

1. 政治安全形势复杂。（1）大国博弈日益加剧。美西方国家针对中国"走出去"企业不断制造麻烦和障碍，驻外员工身处复杂的外部环境当中，思想心理受到一定影响。（2）政治限制由来已久。大多数国家不允许外国机构存在政党组织和开展各类党派活动，只有55.1%的驻外员工能够做到至少每月接受一次思想政治教育。（3）公共安全急遽恶化。部分国家和地区政局动荡，社会治安形势恶化，54.7%的驻外员工对驻在国治安管理条件感到担忧。

2. 社会环境条件恶劣。（1）人际环境不甚和谐。驻外员工与当地雇员和合作伙伴打交道需要适应和迁就，56.7%的员工认为驻在国社会交往难以习惯，45.5%的员工有过被歧视的经历。（2）文化习俗不易适应。驻外员工由于语言沟通、文化习俗、宗教信仰等方面差异，无法有效融入驻在国社会，人际交往圈子狭窄，导致42.5%的员工有孤独感和疏离感，26.2%的员工考虑过接受专业心理辅导，6.9%的员工接受过心理咨询。（3）生活环境不宜居住。72.3%的驻外员工工作生活在艰苦地区，恶劣的生活环境给50.6%的员工造成健康压力。全球疫情期间，24.9%的驻外员工认为驻在国疫情防控政策不够合理，对当地医疗卫生条件满意度仅为 36.4%。

3. 常驻生活压力难抒。（1）驻外生活单调乏味。驻外 1 年及以上的员工占比 94.2%，由于长时间背井离乡、远离亲友，缺少交流和情绪宣泄的渠道，这部分员工心理健康和身体健康所受困扰最多。（2）工作任务紧张繁重。88.6% 的驻外员工每日工作 8 小时以上，且项目受限于严格的时间进度要求，员工工作压力检出率为 26.3%，强迫症状和职业倦怠分别为 33.1% 和 67.4%。（3）国内家庭顾虑重重。驻外员工中已婚的占比 80%，有生育的占比 78%，有老人需要赡养的占比 85.9%。由于山海阻隔，驻外员工在亲子关系和夫妻关系中长期缺位，51% 的员工担心子女教育，5.8% 的员工对婚姻状况不满意，37.3% 的员工认为存在工作与家庭冲突。

综合分析驻外员工思想、心理、情感问题诱因，既有国际地缘政治动荡、大国博弈冲突加剧、世纪疫情延宕反复相互交错所带来的挑战，也有跨国别、跨语际、跨文化碰撞所衍生的矛盾，还有驻外员工对新的工作生活环境准备不充分所造成的困扰，已超出传统思想政治工作问题领域，必须创新探索一套行之有效的新时代思想政治工作方法和路径。

二、"三导"工作模式内涵和运行机制

兵器工业坚持系统观念，在国际化经营实践中探索形成了思想引导、心理开导、情感疏导相协调的工作模式。

（一）模式内涵

"三导"分则各有侧重。思想引导，聚焦驻外员工的精神需求

层面，针对思想认识、价值观念和文化认同等问题开展工作，重在凝聚正向引领的"正能量"；心理开导，聚焦驻外员工的心理需求层面，针对心理压力、心理异常、心理危机等问题开展工作，重在开启心灵封闭的"黑匣子"；情感疏导，聚焦驻外员工的物质需求层面，针对工作困惑、生活困扰、家庭困难等问题开展工作，重在提供排忧解难的"金钥匙"。

"三导"合则同向发力。在工作理念上，以思想引导高擎旗帜，引领心理开导和情感疏导迈向正确方向；以心理开导抚顺心智，支持思想引导和情感疏导真正入脑入心；以情感疏导排解桎梏，奠定思想引导和心理开导有效工作基础。在具体实践中，既要推动工作领域的横向综合、"三导"并进，也要注重工作机制的纵向贯穿、"四化"相承，即问题发现现场化、问题会商靶向化、问题解决个性化、问题防范常态化，进一步激发新时代驻外员工队伍思想政治工作的新活力。

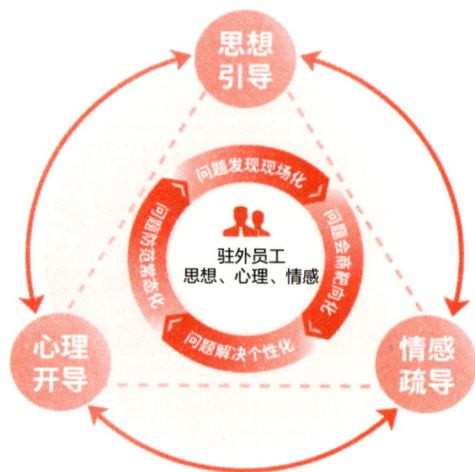

图1 "三导"模式示意图

（二）运行机制

1. 问题发现现场化。（1）压实现场工作责任。驻外机构负责人既要管业务，也要管思想政治工作，及时了解驻外员工思想、心理和情感状况，开展经常性思想动态分析、员工心理画像和异常情绪疏导。（2）配齐现场工作队伍。安排境外党组织书记、委员及人力资源、党群工作人员，兼职负责驻外员工思想、心理和情感工作。引入心理健康管理专业机构，跟进为驻外员工提供咨询、分析和关怀服务。（3）丰富现场工作手段。充分运用党建云平台、心理热线等专业化、智能化工具的同时，继续用好谈心谈话、组织生活会、批评与自我批评等我党传统工作法宝，把驻外员工的思想困惑、心理压力和负面情绪控制在现场范围内。

2. 问题会商靶向化。（1）建立国内与国外的实时沟通。针对思政教育模式缺乏创新、参与度不高、操作性不强等"表现在海外、根子在国内"的问题，研究制定体系化的境外党建工作实施办法，对驻外员工思想、心理和情感工作进行统筹谋划。（2）畅通上级与下级的有效沟通。针对工作任务繁重、紧张压力明显、受到歧视排挤等"表现在基层、根子在管理"的问题，建立驻外机构"开放日"机制，集思广益推动解决海外项目管理中的普遍性问题。（3）形成企业和家庭的双向沟通。针对老人赡养、子女入学、就医求诊等"表现在个人、根子在家庭"的问题，用心用情用力为驻外员工家属办实事、办好事。

3. 问题解决个性化。（1）锚定问题根源。驻外员工的认识层次、适应能力和实际需求不尽相同，面临的思想、心理和情感问题及自行解决能力也相差甚远，要坚持"一把钥匙开一把锁"，分析归因问题根源。（2）坚持分类施策。梳理共性问题，集中力量解决好同一个海外项目乃至同一类国别市场的普遍性问题；抓住个性需求，有的放矢精准施策，形成"一事一策""一人一策"工作特色。（3）把握工作尺度。思想引导工作要端正同一个方向、突出同一个目标、强化同一种观念，确保在政治思想、理想信念和价值认同上不出偏差。心理开导和情感疏导工作要因人而异，尊重个人意愿与情况差异，用平等的眼光、充足的空间和尊重的态度，充分满足驻外员工工作、生活和情感的实际需要。

4.问题防范常态化。（1）健全思想政治教育体系。丰富思政教育内容，强化政治引领、树牢理想信念、锤炼道德品行；创新思政教育方式，借助信息化平台，推动思想教育由单向灌输向双向互动、由抽象说理向形象感化转变；优化思政教育环境，因地制宜为驻外员工提供良好的文化环境、网络环境、家庭环境、舆论环境；加强思政教育考评，健全完善考评目标、指标、程序、监督体系。（2）健全心理健康服务体系。倡导"每个人是心理健康第一责任人"，引导驻外员工主动调适情绪困扰与心理压力；加强心理专业人才培养，聘请专家开展巡诊培训，着力提高兼职心理工作人员能力水平；加强重点人群心理监测，为处于特定时期、特别岗位、特殊情况的员工及时提供心理援助。（3）健全员工关爱帮扶体系。及时回应员工关切；落实办实事长效机制，定期了解员工所思所想、急难愁盼；畅通驻外员工发展通道，通过事业上关心、精神上激励、物质上帮扶、情感上共情，健全驻外员工关爱帮扶体系。（4）健全企业文化建设体系。创新推进企业文化宣贯落地，帮助驻外员工坚定对企业发展的信心、信念、信任；务实加强跨文化融合，推动驻外员工尊重、了解和融入驻在国社会生活，争当企业经营的合作者、文化理念的传播者、民间交流的沟通者、社会责任的践行者。

三、"三导"工作实践做法及成效

（一）抓好驻外员工思想引导，做到以理服人

1. 讲政治，认真学习贯彻习近平总书记重要指示批示精神。把政治建设摆在首位，深入学习习近平新时代中国特色社会主义思想，建立驻外机构"第一议题"机制，确保对履行强军首责、共建"一带一路"、防范化解重大风险、构建人类命运共同体等"国之大者"心中有数，不断增强政治判断力、政治领悟力、政治执行力。

2. 强基础，筑牢驻外机构战斗堡垒。加强境外工作顶层设计，"一国一策"地开展国别研究，做到"业务发展到哪里，组织建设就到哪里，思想政治工作就覆盖到哪里，先锋模范作用就闪光在哪里"。同步推进主题教育，因地制宜开展联学联建，做到海内外同频共振、同抓共管、同严同实。定制研发"云平台"，把理论学习课程、基层组织生活、考核管理系统适配到境外，确保驻外员工学得好、悟得透、用得实。

3. 育文化，奏响人民兵工精神协奏曲。讲好品牌故事，组织央企品牌海外传播行动和"美美与共"形象宣传展示活动，以平易近人的方式塑造央企品牌。讲好形象故事，聚焦主责主业，开展军贸主题营销活动宣传及"一带一路"重大项目履约宣传。讲好榜样故事，把镜头对准市场、海外、基层一线，讲述奋斗者的光荣、奉献者的坚守、逆行者的勇敢，赋予"把一切献给党"的人民兵工精神以时代特征、海外特色、现实价值。

（二）抓好驻外员工心理开导，做到以心暖人

1.定军心，以海外项目为单位，全寿命加强心理保障。同步统筹规划，在海外项目启动之初，就把员工心理关怀纳入工作内容进行规划。同步推进执行，组织制定海外项目员工心理关怀工作计划，明确重点任务和工作举措。同步总结考核，将驻外员工心理健康作为一项重要内容纳入基层党组织书记述职评议考核，为下一年度工作提供参考。

2.暖人心，以员工个体为单位，全周期做好心理服务。外派前测评摸底，科学评估员工常驻海外的心理胜任力，把用人风险降到最低。外派中关心关怀，提供心理测评、建立心理档案、配备心理管理师等服务，确保心理健康管理落到实处。外派后评估归档，跟进员工回国工作后的心理状态，在一段时间内持续关注其心理适应性与压力饱和度，形成负责任、可追溯的工作闭环。

3.铸同心，以重大突发事件为单位，全过程开展心理干预。定期排查预警，组织驻外员工开展心理排查，通过压力预警、情绪监测、心理调适等方式，掌握驻外员工心理状况并采取相应措施。及时介入干预，危机事件出现后第一时间与驻外员工及家属进行"一对一"沟通，提供个性化心理辅导。

（三）抓好驻外员工情感疏导，做到以情动人

1.稳后方，做好驻外员工家属困难帮扶。建立长效机制，定期与员工国内家属联系沟通，关心了解其愁心事、烦心事、忧心事。推进因人施策，由国内派出单位党组织牵头，分析研判驻外人员家属诉求，制订任务清单和个性化帮扶方案，协调解决老人就医、配偶工作、子女入学等常见问题。聚焦特事特办，针对临时性、突发性、偶然性的家属困难，集中力量重点攻关急难愁盼，确保疏导举措务实有效。

2.守底线，强化驻外员工安全和健康管理。加强公共安全"大安保"，构建海外HSSE管理体系，推行"全流程、全要素、全层级、全员参与"的大安保措施。开展生产安全"大排查"，紧盯海外项目风险管理和隐患整改，强化安全管理思想、设计、方法和能力源头管控，持续推进本质安全建设。保障就医问诊"大健康"，体系化开展营地卫生和医疗环境提升行动。

3.重感受，推进驻外员工工作生活条件改善。增强情感生活幸福感，丰富文娱活动形式内容，举办"最美奋斗者"故事分享会，开设中国文化沙龙，自编自演春节联欢会，组织线上交友联谊活动。提升物质需求满足感，实施营地改造提升工程，优化办公生活环境。凸显职业发展获得感，优化驻外工作晋升通道，完善轮岗休假机制、增持医疗救助保险、发放艰苦地区补贴等，并在各类评选表彰中向驻外员工倾斜。

"三导"工作模式有效发挥新时代思想政治工作统一思想、凝聚共识、鼓舞斗志、团结奋斗的作用，充分激发驻外员工队伍的积极性、主动性和创造性，为贯彻落实习近平总书记重要指示批示精神、推动海外事业高质量发展提供了保障。近年来，兵器工业持续巩固我国军贸行业领先地位，巴基斯坦橙线地铁、克罗地亚塞尼风电站、阿联酋智轨项目等一批"一带一路"标志性项目拔地而起；多起公共安全风险事件得到有效应对，安全生产"四个铁"要求严格落实，确保"零事故""零伤亡"；央企海外社会责任履行到位，带动驻在国社会民众脱贫致富，为国家形象和企业品牌赢得尊重。

四、启示思考

（一）必须拓展思想政治工作内涵

坚持以人为本的工作原则，落实尊重人、理解人、关心人、帮助人的工作导向，不断拓展工作内涵、范围边界和实现路径，一体涵盖思想、心理、情感三个维度，既重视思想引导，也重视心理开导和情感疏导，做到全面覆盖、统筹谋划、相互配合、同向发力，为新时代思想政治工作注入新活力。

（二）必须强化协作联动形成合力

坚持组织上协同一体，形成体系完备的组织架构。坚持工作上协同推进，国内上级派出单位和境外单位、企业内部人员和外部专业机构分工合作、协同高效。坚持机制上协同配合，把开展显性教育与隐性教育、解决精神层面与物质层面问题、推动广泛覆盖与分类施策结合起来。坚持成效上协同提升，着眼于提高驻外员工的积极性、主动性、创造性，创新工作载体、拓宽工作渠道。

（三）必须构筑工作常态长效机制

建立健全领导干部联系基层制度，及时了解驻外员工思想、心理、情感状况和相关工作开展情况，听取意见建议，协调解决问题。建立健全党员联系群众制度，随时了解职工群众工作、生活、家庭情况和所思所想、所困所盼。建立健全经常性谈心谈话制度，做到岗位变动必谈、组织处理必谈、发生家庭变故必谈、发生苗头性问题必谈。建立健全职工思想动态调查分析制度，定期分析研判，及时发现普遍性、苗头性、倾向性问题。建立健全职工心理健康管理服务制度，经常性开展心理健康宣传教育，定期组织职工心理健康检测评估，及时提供心理咨询服务，将心理危机干预遏制于萌芽状态。

推荐单位：中国兵器工业政研会
作　　者：彭兴国　魏　寅　汤尚华

航天精神的时代内涵与弘扬实践研究

60 多年来，我国航天事业创造了以"两弹一星"、载人航天、月球探测为代表的辉煌成就，走出了一条自力更生、自主创新的发展道路，积淀了深厚博大的航天精神，鼓舞和激励一代又一代航天人前赴后继、开拓进取、拼搏奉献。中国航天科工集团有限公司（以下简称"航天科工"）作为中国航天事业的中坚力量，始终把传承和弘扬航天精神作为推动航天事业高质量发展的重要法宝，不断加强新时代航天精神的内涵与实践研究，为新时代航天军工央企弘扬伟大建党精神、传承航天精神提供了借鉴和启示。

一、研究背景和意义

党的十八大以来，习近平总书记高度重视航天事业发展，充分肯定武器装备研制成就，亲切关怀航天科研人员。对于重大试验成功和重大科技突破，习近平总书记都作出重要指示批示，给予充分激励鼓励。从提出航天梦、强军梦，到设立"中国航天日"，从概括新时代北斗精神、探月精神，到不断强调航天精神传承，习近平总书记的系列重要论述，旗帜鲜明、高屋建瓴，为推动航天事业高质量发展指明了前进方向、提供了根本遵循、注入了强大动力。

航天精神是伟大建党精神在中国航天的鲜明呈现，是中华优秀传统文化在中国航天的传承发展，是中国航天事业不断实现突破跨越的基因密码，在新时代传承和弘扬航天精神对发展航天事业、建设航天强国具有重要的推动和引领作用。

二、航天精神的形成过程

中国航天事业的发展为中华民族从站起来、富起来走向强起来提供了重要战略支撑。航天精神伴随着航天事业的伟大实践，代代相传、生生不息，成为党和国家事业的宝贵精神财富。

一是"自力更生、艰苦奋斗、大力协同、无私奉献、严谨务实、勇于攀登"的航天传统精神。航天传统精神在20世纪50年代末我国航天事业创建时期初步萌芽，六七十年代逐步形成，八九十年代逐渐丰富并提炼概括形成。航天传统精神是反映航天工作者的思想境界、优良作风的宝贵精神成果，也是航天精神的基础底蕴。

二是"热爱祖国、无私奉献、自力更生、艰苦奋斗、大力协同、勇于登攀"的"两弹一星"精神。"两弹一星"精神是20世纪50年代末至70年代初，广大国防科技工作者在发展"两弹一星"事业中形成的精神集成。

举办"航天科工感动人物（团队）"事迹分享活动

三是"特别能吃苦、特别能战斗、特别能攻关、特别能奉献"的载人航天精神。载人航天精神是在 20 世纪 90 年代初至今，广大航天工作者奋战载人航天工程，实现载人航天飞行圆满成功的过程中培育形成的宝贵精神财富。

四是"自主创新、团结协作、攻坚克难、追求卓越"的新时代北斗精神和"追逐梦想、勇于探索、协同攻坚、合作共赢"的探月精神。新时代北斗精神、探月精神是航天精神的最新发展，是新时代航天工程实践中总结凝练的航天精神层面的最新表达，不仅将推动新时代航天精神传承与航天工程实践的深度融合，推动形成既有顶层牵引又有航天行业特色的文化系统，还将为社会主义核心价值观落地提供丰厚的文化土壤，进一步筑牢新时代中国航天事业发展的精神基础。

三、航天精神的丰富内涵及时代价值

随着我国航天事业的不断发展，航天强国建设持续加快推进，航天精神也将被不断赋予新的内涵和时代价值，鲜明标注着航天人精神特质和实践特色的航天精神文化也将不断发扬光大。

（一）航天精神深深蕴含着航天人的忠诚精神

航天事业的发展及成就凝聚着数代航天人的智慧和心血，一代代航天人把个人理想与民族复兴紧紧相连，把个人前途与祖国命运紧紧相连，把个人选择与党的需要紧紧相连，把个人利益与人民利益紧紧相连，始终坚持国家利益高于一切，形成了以"科技强军，航天报国"为企业使命的核心价值理念。新中国成立初期，许多身居海外的科学家积极响应党和祖国的召唤，毅然放弃国外优厚待遇和舒适生活，冲破重重阻力，历尽千辛万苦，义无反顾回到祖国怀抱，满腔热情地投身于发展航天事业和建设伟大国家的洪流中。事实告诉我们，忠于党、忠于国家、忠于人民、忠于事业，这是航天精神最鲜亮的底色，也是航天人最深沉的价值追求。

（二）航天精神深深蕴含着航天人的自主精神

我国航天事业起步时，曾被讥笑"那么穷，还搞导弹！"然而，航天人"人穷志不短"，硬是依靠党的坚强领导，靠自己的双手让"争气弹"从祖国的地平线上成功起飞。一代代航天人始终坚持把自力更生、艰苦奋斗作为基因禀赋和优良传统，发扬历史主动精神，在党的领导下牢牢把握中国航天事业发展的主动权，发愤图强、埋头苦干、拼搏奉献，创造了彪炳史册的非凡成就，彰显了中华民族自强不息、锲而不舍、百折不挠的坚强品格，这是航天精神能够跨越时代、历久弥新的关键所在。

（三）航天精神深深蕴含着航天人的创新精神

中国航天史就是一部创新史，自主创新是我国航天事业发展壮大的重要法宝。从白手起家开创"两弹一星"的丰功伟绩，到成功开展载人航天、月球探测、北斗导航和重大武器装备建设工程，我国航天事业始终把创新作为第一动力、放在突出位置，坚持科技创新、自主创新，创造了一个又一个填补国内空白的"第一"，不断刷新中国高度、中国速度乃至世界纪录。创新精神是我国航天事业蓬勃发展、持续进步的强大动力，是实现高水平科技自立自强、打造和掌握更多"国之重器"的诀窍秘籍。

（四）航天精神深深蕴含着航天人的斗争精神

我国航天事业为国防而生，她的诞生彰显了新中国同帝国主义武力威胁作坚决斗争和打破大国的核讹诈、核垄断的战略前瞻和意志品质。60多年前，面对国家经济落后、工业基础和科技力量薄弱、技术人才奇缺、物资严重匮乏等重重困难，航天人白手起家、艰苦创业，发扬斗争精神，克服各种艰难险阻，经受住各种严峻考验，以自信、自立、自强打破国外技术封锁，"拼了命也要把导弹送上天"，研制的一枚枚大国重器填补国内空白，增强了中国人的志气、骨气、底气。

（五）航天精神深深蕴含着航天人的科学精神

追求科学精神是航天事业的突出特征，是航天人干事创业的内在核心要求，科学精神是航天精神极其重要的组成部分。60多年来，航天人尊重科学、尊崇规律，坚持解放思想、实事求是、守正创新，崇尚求真务实、创新求实、严慎细实，在实践中自觉运用系统工程理念思维方法，科学精神成了航天重大工程捷报频传和航天产品高质量高可靠的重要保证，成了航天人恪守不移的工作规范、行为准则和工作作风，成了航天事业不断走向成功和胜利的秘籍所在，成了航天精神的核心关键内容。

（六）航天精神深深蕴含着航天人的协同精神

航天事业是组织体系极为严密、极其复杂的系统工程，每一项航天重大工程都规模宏大，具有系统复杂、技术密集、风险性大、研制周期长等特点，能够不断取得成功是组织全国大协作、全国"一盘棋"的成功典范。其中，党中央的领导是制胜法宝，"有问题共同商量，有困难共同克服，有余量共同掌握，有风险共同承担"的协同精神是重要支撑。从"北斗"组网到"天和"翱翔，从"嫦娥"探月到"羲和"逐日，从"东风"劲吹到"红旗"招展，从"鹰击"长空到"长剑"啸天，都是发挥新型举国体制优势攻坚克难取得的重大成就。

四、航天科工在新时代继承和弘扬航天精神的具体实践

近年来，航天科工党组深入学习贯彻习近平总书记关于建设航天强国的重要讲话和重要指示批示精神，把传承弘扬航天精神作为履行强军首责、建设航天强国的重要任务、必修课程和动力源泉，从航天精神中汲取信仰力量、以航天精神引领价值追求、靠航天精神凝聚信

心意志，自觉做航天精神的忠实传承者、积极引领者、坚定践行者。

（一）突出政治性，高站位推进精神传承

航天科工把深入学习贯彻习近平新时代中国特色社会主义思想，学习贯彻习近平总书记最新重要讲话和指示批示精神作为"第一议题"，强化党组（党委）理论学习中心组引领作用，系统学习习近平总书记关于航天强国、武器装备建设和创新驱动发展等方面的重要论述，并制定贯彻落实的具体制度和措施。把弘扬航天精神作为开展党史学习教育和开展思想政治工作的重要内容，邀请老院士、老党员、老专家走上讲台宣讲航天精神。广泛开展形势任务教育，贯彻党和国家指示和要求，对标世界一流企业组织文化，围绕改革发展重点任务、重大工程实际需要，通过航天科工大讲堂、形势任务报告会、专题辅导讲座、航天云课堂、党课等形式，讲透形势，讲清任务。把传承弘扬航天精神作为员工入企的第一课和必修课，教育引导全体干部职工深刻领悟"两个确立"的决定性意义，增强"四个意识"、坚定"四个自信"、做到"两个维护"。发挥基层党组织政治优势、组织优势，严格落实"三会一课"制度，定期举办航天精神讲堂。发挥工会、共青团等群团组织桥梁纽带作用，广泛开展"大国顶梁柱永远跟党走""强国复兴有我"等活动，深入实施"青马工程"和青年精神素养提升工程，大力培养青年政治骨干。

（二）突出历史性，深入挖掘红色文化底蕴

充分发掘三线基地遗存的红色资源，将其作为所属各单位党支部主题党日、研学实践教育和党史学习教育的重要场所，把史料转化为教材，把现场转化为课堂，积极打造全面展示航天（三线）军工事业

以传承弘扬航天精神为主题，开展新员工入职培训

发展历程的生动现场、全国中小学生研学实践教育基地的标杆课堂、党员干部教育培训的经典课程、红色旅游的经典线路，增强红色传统教育的鲜活性和多元性，使其有深度、接地气、涤人心。打造精品线路，深入挖掘航天精神教育基地资源，打造"一馆一园五基地 N 展厅"航天精神教育基地，以"重温红色历史 传承奋斗精神"等为主题精心设计推出一批学习体验线路，引导干部群众就近就便开展实地参观考察调研。三线航天 066 导弹基地旧址、金陵机器制造局和金陵兵工厂旧址入选首批 100 个中央企业爱国主义教育基地，开展 200 余批次 5000 余人次现场教育活动。二院历史文化馆、六院航天精神教育基地、三院历史文化展馆入选科学家精神教育基地。

（三）突出导向性，加大正面宣传展形象

组织开展"迎接和庆祝党的二十大胜利召开""庆祝建党 100 周年""庆祝建军 90 周年""庆祝新中国成立 70 周年""人民兵工

90年"等重大主题宣传，通过快闪、演讲、职工文化会演等方式唱响"我和我的祖国"昂扬旋律。建立健全"中央厨房"工作机制，规范建设网站群、微信矩阵，获评中央企业最具影响力新媒体账号。形成一批以《航天院士传记》、电影《钱学森》《我和我的父辈》、电视剧《聂荣臻》等为代表的展现航天人精神内核的高质量文化作品。高质量完成《我们这十年 坐标中国》《总师传奇》等纪录片拍摄，并在央视等权威媒体播出，不断增强航天精神的社会影响力。2022年各类媒体报道航天科工信息34.8万余篇（条），新华社"百万+"报道15篇。坚持将镜头对准一线，笔锋转向身边开展调研采访，激励广大党员干部职工继续保持困难面前不低头、艰险面前不退缩、重任面前不懈怠的精气神。

（四）突出示范性，选树典型强引领

将航天精神融入企业发展、技术攻关、管理优化、能力提升等各个环节，大力营造爱国、创新、协同、奉献的文化氛围。把航天精神学习教育作为新员工入职培训的必修课和各级各类培训的重要课程，在重大航天工程任务中组织开展承诺宣誓等文化实践活动。构建"十百千"新时代典型选树体系，深入开展钱学森、黄纬禄等老一辈航天人先进事迹宣讲。推树了以"全国优秀共产党员""央企楷模""大国工匠"等为代表的一批先进个人及团队。陈定昌院士事迹入选中组部建党百年特别节目《榜样6》。沈忠芳总师入选"2022年度感动中国人物"。53个先进集体和个人获评"航天科工感动人物"，积极推树选树"数控微雕"常晓飞、"大国工匠"曹彦生、"最美逆行者"梅定、见义勇为航天人苏冬雪等一线先进典型，引导职工树立正确的价值追求，用共同的理想凝心聚力。在职工中

广泛开展大讲堂、微论坛等活动，开展"奋斗的人生最美丽"等主题评选活动，引导职工树立正确的价值追求，用共同的理想凝心聚力。编辑出版《新时代航天追梦人》《筑梦苍穹》《砥砺前行的航天人》系列丛书，激发职工的思想认同、情感共鸣和行动自觉。

（五）突出规范性，健全工作机制融入日常

以新时代航天精神为核心提炼和完善集团公司企业文化理念系统。根据全面建设世界一流航天防务集团公司战略目标，在实践中不断提炼升华、丰富完善文化体系，实现文化建设与企业发展的良性互动。研究制定集团公司"十四五"党的建设和企业文化建设规划，制定完善集团公司企业文化管理办法等一系列规章制度。压实压紧意识形态工作责任制，把传承弘扬航天精神作为党建考核和意识形态责任制考核的重点内容，考核结果与领导班子绩效年薪挂钩。在党委书记抓党建工作季度例会上坚持问题导向，实事求是点评各单位宣传思想文化工作中存在的问题。将弘扬新时代航天精神落实到精神文明和企业文化建设的方方面面，分解到每一项具体工作中，推进文化建设规范化、制度化。充分发挥基层党组织优势，综合运用教育引导、心理疏导、文化熏陶、主题活动等手段，让企业文化贯穿于各项工作之中，让员工在岗位工作实践中自觉践行航天精神。

五、新时代传承航天精神的思考与启示

发展航天事业、建设航天强国使命光荣、责任重大，必须大力弘扬伟大建党精神、传承航天精神，在新时代新征程上展现新作为、开创新局面。

一要筑牢传承航天精神的思想根基。以党的创新理论滋养初心、引领使命，始终秉承"科技强军、航天报国"价值追求，确保航天事业发展始终朝着习近平总书记指引的航向前进。推动广大干部职工深刻领悟"两个确立"的决定性意义，切实把"两个维护"落实到科研生产经营任务的各领域各方面各环节，主动肩负起党和人民赋予的历史重任。

二要丰富弘扬航天精神的生动实践。把航天精神蕴含的忠诚、自主、创新、斗争、科学和协同精神融入技术攻关、管理优化、能力提升等各个环节，大力营造鼓励干事、激励创新的文化氛围。积极组织型号队伍出征仪式、承诺宣誓等文化实践活动，激励干部职工聚焦主责主业、履行强军首责，为推动企业高质量发展、加快实现高水平科技自立自强作出新的更大贡献。

三要培育践行航天精神的时代先锋。始终贯彻落实人才强企战略，把弘扬航天精神融入人才队伍建设全过程。持续学习宣传老一辈航天人艰苦奋斗的感人事迹，大力培育选树新时代践行航天精神的先进典型，立足于自己培养"铸剑"队伍。

四要拓宽传播航天精神的渠道载体。综合应用多种传播媒介，重点占领互联网传播阵地，进一步发挥新媒体传播优势，构建完善航天精神全媒体传播话语体系。加强航天知识科普和航天精神宣传，用好红色基因库，推动航天精神在全社会形成更加强大的影响力、凝聚力和感召力。

推荐单位：中国航天科工政研会

作　　者：袁　洁　龚界文　刘双霞

陈炳隆

新时代金融系统推动理想信念
教育常态化长效化的探索与研究

理想信念教育是党的思想政治工作的核心内容。为深入总结金融系统常态化长效化开展理想信念教育的科学实践，中国金融思想政治工作研究会秘书处与中国工商银行党委宣传部组成联合调研组，对中国工商银行（以下简称"工行"）近年来开展理想信念教育常态化长效化的经验做法进行了调查研究。调研覆盖了工行境内一级分行和直属分行38家，以及直属机构、境内综合化子公司和分支机构14家，较广泛地征集和听取了基层一线的案例做法和意见建议。

调研中我们感受到，党的十八大以来，工行党委始终把思想和行动统一到党中央各项决策部署上来，坚持统筹推进、守正创新，不断巩固马克思主义在意识形态领域的指导地位，扎实有效地开展理想信念教育，推动全行干部员工学深悟透习近平新时代中国特色社会主义思想，进一步坚定理想信念、校准价值理念、强化道德观念，为建设具有中国特色的世界一流现代金融企业提供坚强思想保证和强大精神力量。

一、提高政治站位，坚定不移开展理想信念教育

（一）开展常态化长效化理想信念教育，是坚决贯彻落实习近平总书记关于金融工作重要论述及指示批示精神的战略基石

坚定理想信念，就是要坚定对马克思主义的信仰、对中国特色社会主义的信念、对实现中华民族伟大复兴中国梦的信心。工行党委坚定自觉地把讲政治作为第一位的要求，把坚持党的领导、加强党的建设作为"根"和"魂"，把推动理想信念教育常态化长效化作为干部员工筑牢信仰之基、补足精神之钙、把稳思想之舵的战略基石，推动全行干部员工深学笃行习近平新时代中国特色社会主义思想，不断提高政治判断力、政治领悟力、政治执行力，在政治立场、政治方向、政治原则、政治道路上同以习近平同志为核心的党中央保持高度一致，更好承担起服务"国之大者"的政治责任，推动党中央决策部署在工行得到不折不扣的落实。

（二）开展常态化长效化理想信念教育，是当今世界百年未有之大变局和中华民族伟大复兴重要战略机遇期的制胜法宝

当前，我国银行业迎来改革发展创新、业务结构调整、风险防范化解的重要窗口期，新一轮科技革命、产业变革深入发展，人类命运共同体理念深入人心，但世界经济形势复杂严峻，未来发展的不稳定性不确定性因素增加。面对新形势，工行党委牢牢把握理想信念教育这一法宝，引导全行干部员工筑牢理想信念之基，躬耕实践答好新时代"考卷"，汇聚起推动党和国家金融事业稳定发展的

磅礴力量。

（三）开展常态化长效化理想信念教育，是推进金融业在高质量发展之路上行稳致远的政治保障

党的领导是中国特色社会主义金融最本质的特征。工行党委坚持和加强党对金融工作的领导，以高质量党建引领工行高质量发展。坚持用党的创新理论武装头脑、指导实践、推动工作，牢牢把握金融工作的政治性、人民性，提出第一个人金融银行、外汇业务首选银行、重点区域竞争力提升、城乡联动发展等发展战略，并且把推进理想信念教育作为战略解码和传导的"最先一公里"，切实发挥国有大型商业银行示范和引领作用，为推动自身高质量发展提供坚实政治保障。

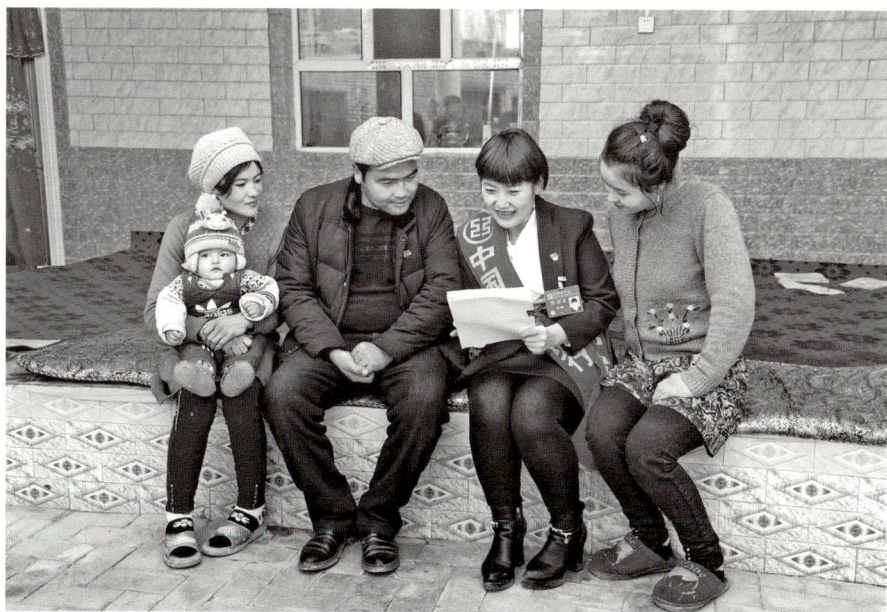

党的十九大代表、工行新疆乌鲁木齐新民路支行副行长李鹏赴驻村点宣讲新时代党的治疆方略和党的各项惠民政策

二、找准薄弱环节，有的放矢搞好理想信念教育

党的十八大以来，国有金融企业高度重视理想信念教育，并积极抓好工作实践，但对照新时代新阶段新形势的新要求仍存在一些差距。一是重视程度在不断加强，但对新形势、新要求的认识把握还需进一步提高。有的单位对如何通过加强理想信念教育，更好地激发员工队伍内生动力、增强组织凝聚力的思考不够深入，有的基层管理者在把教育成果转化为立足新发展阶段、贯彻新发展理念、构建新发展格局的工作实效上还不够。二是制度措施在不断健全，但对横向到边、纵向到底的工作机制还要进一步完善。有的单位在推动思想政治工作的系统性上还要提升，有的单位党委职能部门和业务部门的有效联动还有所欠缺，有的单位对于宣传思想领域的制度办法督促指导不够，层层推动机制还有提升空间。三是手段方法在不断丰富，但对新技术、新载体的应用推广还有待进一步创新。有的单位没有充分适应当前舆论传播和思想动态的新特点，有的单位还需要把教育中的书面语言转化为群众话语。此外，尽管大多数单位的分支机构开通了官方新媒体账号，但是还缺少系统性运营，分众化传播能力还不够。

三、坚持常态长效，始终如一推动理想信念教育

工行党委紧紧围绕理想信念教育，突出常态长效，坚持守正创新，强化检查督导，用好宣传平台，以务实举措不断推动理想信念教育深入人心、深入基层，回答好理想信念教育的"工行之问""金

融之问""时代之问"。

（一）着力强化政治引领，坚持习近平新时代中国特色社会主义思想在理想信念教育中的指导地位

一是充分发挥党委领学促学作用。工行党委率先垂范，党委书记、董事长多次带头讲党课、做宣讲，带领班子成员面向基层开展宣讲。突出"党建引领、从严治理"在治行方略中的根本地位。党委书记认真履行"第一责任人"职责，通过党委会"第一议题"、党委中心组学习等方式，定期研究部署、狠抓推进落实。党委中心组成员带头学习钻研、带头研讨发言，坚持按照党的方针办金融、按照党的纪律管银行，切实运用党的创新理论指导金融实践。邀请权威专家进行专题辅导，组织"上下联学、三级同步联学"，将前沿理论和先进经验辐射全行。

二是发挥党校教育培训主阵地作用。工行党校组织领导干部学习习近平总书记重要讲话精神和党的重要会议精神专题轮训，对二级分行党委书记、纪委书记连续开展"两个责任""两个从严""两个落实""两个提升""两个强化"主题轮训，引导"关键少数"知责明责履责尽责。创办党校直播课堂，面向全员开展线上培训，多形式多维度进行理想信念教育。

三是推动政治理论学习基层全覆盖。工行构建起了党委理论学习中心组、支部学习、大讲堂、青年理论学习小组和个人自学"五学联动"机制，用好"学习强国""支部工作""网络大学"等平台，创建金融系统首家廉洁文化教育基地，打造党性教育基地和红色金融文化基地，实施青年理论学习提升工程，实现以"训"促学、以"评"引学、以"研"助学、以"践"悟学。

（二）着力打牢工作基础，不断夯实理想信念教育制度的根基

一是完善制度举措，确保理想信念教育在全行有章可循。工行党委带头部署推动，严格落实《中国共产党宣传工作条例》《关于新时代加强和改进思想政治工作的意见》等要求，结合工行实际，研究制定贯彻落实《意识形态工作责任制》《理论学习中心组学习规则》等实施办法和工作细则，印发《加强全行党的政治建设的具体措施》《关于进一步加强党的基层组织建设的意见》等制度文件，实施年轻干部理想信念宗旨教育计划、"311"干部培养规划，从制度安排和实践层面不断突出强化理论武装。

二是健全工作机制，确保各项制度要求得到不折不扣的落地执行。完善工作机制，促进形成各层级紧密配合、齐抓共管的宣教模式。总行党委将"引导党员、干部坚定理想信念宗旨"作为重要内容写入党委会工作规则，明确各级党委责任和领导责任，推动抓牢抓实理想信念教育。总行机关印发加强机关党的建设和作风建设的通知，强调发挥领导干部领学促学作用，引导总行机关党员干部当好"三个表率"。各分支机构有的依托"三会一课"，充分发挥党支部和党小组"学习加油站"主体作用，把开展理想信念教育融入日常经常，共产党员"亮身份""亮承诺""亮示范""亮学习""亮服务"，创新基层理想信念教育。

（三）着力提升工作质效，强化系统指导和检查督导相结合

一是做好统筹指导，系统抓、抓系统。根据中央要求，总行每年制定党委、党建、宣传思想工作要点，定期组织召开工作会议，把常态化开展理想信念教育作为加强党的思想建设的重要内容和有力抓手。近几年来，工行把握庆祝新中国成立70周年、中国共产党成立100周年、学习宣传贯彻党的二十大精神等主题主线，组织开展"我和我的祖国""永远跟党走"等主题宣传，在《工行通讯》、"学习强国"学习平台等开设专题专栏，全行学习贯彻情况被人民日报、新华社、央视、旗帜网等权威媒体宣传报道，学习成效不断体现在金融服务中国式现代化的具体行动上。

二是做好检查督导，经常抓、抓经常。完善报告报备制度，推动一级分行及时向总行报备理论学习、意识形态、思政工作情况。定期举办宣传部长、宣传骨干培训班，邀请相关领域专家授课、传导工作要求、交流分享经验。将思想政治工作情况纳入党建工作检查、调研、巡视巡察和工作考核中，综合运用列席旁听、个别访谈、调阅资料、基层调研等方法，推动理想信念教育各方面工作扎实落地。

（四）着力筑牢思想根基，强化集中学习教育和经常性教育协同发力

一是党委靠前指挥、靠前发力，高标准部署、高质量推进。党的十八大以来，工行党委按照党中央部署，在全行接续开展党内集中性教育。工行党委第一时间传达学习中央精神，召开专题党委会研究制订全行实施方案。成立以党委书记担任组长的领导小组，定期召开领导小组会议，听取汇报、研究情况、解决问题、提出要求。在"不忘初心、牢记使命"主题教育期间，总行党委成员带头深入基层调研30余次；在党史学习教育期间，总行党委成员深入湖南、广西、河北、海南、福建、上海等分支机构调研指导，推动学习教育走深走实。

工行北京分行举办"航程颂"庆祝中国共产党成立100周年活动，回顾党的光辉历程，讴歌党的伟大成就，展现昂扬奋进的当代工行人风貌

二是全行层层推动、层层深入，把党中央要求落深、落细、落到位。在历次集中学习教育中，注重抓好学习培训、基层宣讲、巡回指导等环节，以务实举措确保学习效果。集中学习有深度，抓好党的创新理论专题学习、专题研讨，组织党员干部读原著、学原文、悟原理。发挥各级党校作用，推动习近平新时代中国特色社会主义思想进课堂、进头脑，开展党的重要会议精神专题轮训实现处级以上领导干部广泛覆盖。基层宣讲有温度，党委书记围绕党的二十大精神等面向全行作宣讲报告，邀请中央宣讲团成员来行作辅导报告，组织总行和分支机构宣讲团，动员各级党员领导干部以及先进典型广泛参与。巡回指导有力度，制订印发巡回指导工作方案，总分行成立巡回指导组，综合运用督查指导、随机抽查、调研访谈、巡听旁听等方式，确保学习教育各单位的全覆盖、全流程督促指导。

三是挖掘红色资源、赓续精神血脉，传承和发扬红色金融基因。工行推出红色金融文化特色典型单位，把学习党史与学习红色金融史结合起来，开展"向党说句心里话"征文，将红色记忆、红色传统、红色精神转化为勇担使命的实践动力。有的分支机构深入发掘红色文化资源，用好贵州遵义会议会址、中华苏维埃国家银行旧址等红色圣地开展沉浸式教学，有的综合化子公司发挥自身优势，利用人工智能、OCR、TTS 技术，打造"党建数字人"。

四是敢于担当作为、立足岗位实践，推动教育成效转化为工作实绩。工行把开展理想信念教育同落实党中央决策部署、落实金融工作"三项任务"、落实工行发展战略规划紧密结合，把学习教育成效转化为解决实际问题、推进中心工作的扎实成效。在贯彻新发展理念上力行，充分发挥好服务实体经济"主力军"作用，开展"万家小微成长计划"，组建科创企业金融服务中心，推进科创金融"十百千万"专项行动，以金融力量支持小微企业和国家科技创新。在助力乡村振兴上力行，成立乡村振兴办，在业内率先推出"农村三资管理云平台""数字乡村综合服务平台"，持续提升"三农"金融服务覆盖面。在践行人民金融理念上力行，积极开展"我为群众办实事服务提升十大行动"，打造"工银爱相伴"老年客群服务品牌，加强"工行驿站"建设，积极服务社会公众累计 2500 余万人次。

（五）着力增强引领力影响力，强化固本培元和革故鼎新

一是深化精神文明创建，振奋精气神，展现新作为。工行扎实抓好精神文明创建工作，已创建全国文明单位 99 家、总行级文明单位和精神文明建设先进单位 660 余家，常态化开展岗位学雷锋活

动,持续开展贫困助学"童行人"计划和儿童视力筛查"爱目行动"等公益活动,组织"爱·国·家"红色家风故事讲述征集,把理想信念和道德品质追求体现在具体行动中。

二是坚持典型示范引领,传递正能量,树立新典范。近年来,工行25家单位获评第六届"全国文明单位",6名员工和2个集体获"全国优秀共产党员""全国劳动模范""全国优秀共青团员""全国先进基层党组织""全国五四红旗团委"荣誉称号,4名员工上榜中央文明办"中国好人榜",组织在行内开展"两优一先""感动工行""大行工匠""工银卓越奖"评选表彰,颁发"光荣在党50年"纪念章,推动社会主义核心价值观广泛弘扬。持续开展思想政治工作调研,近两年全行近70篇调研报告在中国金融政研会获奖。

三是推进企业文化建设,拓展新内涵,深化新实践。工行不断丰富完善企业文化建设,推出"文化工行·中国书架"项目,开展"工银海外机构文化建设先进单位"创建,建立"工银大学—澳门青年金融人才培训学院",举办"工银全球荟"主题活动,用文化纽带架起理想信念的桥梁。

四是搭建宣传工作矩阵,传播好声音,营造新气象。坚持正面宣传、团结鼓劲,管好用好集团网讯、官微官博、《工行通讯》《金融言行》等线上线下媒体。策划推出系列主题宣传,正面宣传传播力稳居同业第一,舆情管理工作在银保监会考核中同业排名第一。拓宽主流发声渠道,综合运用工行"学习强国"订阅号、新华社视频、央视频、微信、微博等官方账号,不断提升理想信念教育的内容丰富度和形式多样性。

工行通过常态化长效化开展理想信念教育,进一步筑牢思想和工作的基础，形成"思想上同心同德、目标上同心同向、行动上同心同行"的良好氛围，为推动工行高质量发展提供了坚强思想保障，坚定不移走好中国特色金融发展之路。

四、坚持守正创新，持之以恒抓好理想信念教育

以工行为代表的金融企业把握正确方向、突出思想内涵、创新理念方式，不断深化对思想政治工作规律性的认识，丰富和拓展了理想信念教育实践成果，取得了较好成效。在实践中，为了推动理想信念教育的常态化、长效化，工行还着重把握处理好以下 5 个方面的关系。

（一）把握好"少"与"多"的关系，抓好学习培训，就要不断提高各级领导干部对理想信念教育重要性的认识

只有各级领导干部切实发挥"关键少数"的示范引领作用，才能更好地推动广大干部员工这个"绝大多数"筑牢思想根基。一是注重发挥"头雁效应"。工行党委书记、董事长多次强调加强和改进思想政治工作的重要性和理想信念教育常态化长效化的重要性，带领班子成员面向基层开展宣讲，同时推动各级党委中心组切实以政治学习为根本，通过个人自学、集体研学、专家导学等多种方式强化理论学习，在学思践悟中坚定理想信念。二是着力做好分层分类教育培训，形成层层带动、层层深入的教育格局。各级党校严格执行"理论教育和党性教育不少于总课时 70%、党性教育不少于总课时 20%"的要求，总行党校实施领导干部进修班、中青班、分行党委书记纪委书记轮训等重点项目，各分行党

校面向基层管理人员、党务工作人员等开展培训，推动理想信念教育进课堂、进头脑。

（二）把握好"思"与"行"的关系，注重学用结合，就要切实用党的创新理论武装员工头脑、指导金融实践

只有坚持把强化党的创新理论武装作为理想信念教育的重中之重，引导干部员工进一步坚定信仰、信念、信心，才能更好统一思想、集聚力量。一是在学思悟上下功夫，推动党的理论入脑入心。建立完善党委中心组学习、党委会"第一议题"、"三会一课"等学习制度，推动全行在学习党的创新理论上用长劲、下苦功，特别是深入学习领会习近平总书记关于金融工作的重要论述，不断深化对中国特色社会主义银行本质特征的理解，增强金融工作政治性、人民性，坚定不移走中国特色金融发展之路。二是在知信行上下功

工行连续9年开展"爱目行动"公益项目，免费为青少年进行视力筛查

夫，确保教育成果见行见效。通过开展"我为群众办实事""学雷锋""工银普惠行"等岗位建功活动，把理想信念教育的成果成效转化为推动中心工作的实绩实效。

(三)把握好"严"与"延"的关系，推进制度建设，就要不断增强制度规范执行力、约束力和震慑力

制度规范的严肃性和延续性是推动理想信念教育常态化长效化的重要保障，只有持之以恒加强制度建设，才能促进工作机制更加完善、制度执行更有力度、员工行为更加规范。一是着力增强制度指导性。严格对照党中央部署特别是习近平总书记重要指示批示精神，有针对性地研究制定贴合基层的措施、办法、安排，定期更新、及时完善各类制度，提高制度建设规范化、科学化水平。二是着力增强制度系统性。一体推进党的政治、思想、组织、纪律和作风建设，把制度建设贯穿其中，推动党的领导有机融入公司治理，把落实意识形态工作责任制、开展思想政治工作等要求纳入管理人员政治素质考察等。三是着力增强制度约束性。以考核引领制度执行，以巡视巡查强化责任落实，通过"全面检查＋部分抽查""远程调阅资料＋现场检查指导"相结合的方式，强化逐级督促指导，提高工作质效。四是着力增强制度有效性。加强对员工违法违纪违规行为的问责处置，使"软要求"成为"硬约束"，营造尊崇制度、遵守制度、捍卫制度的良好氛围。

(四)把握好"集中"与"经常"的关系，注重点面结合，就要推动理想信念教育融入经常、体现在日常

通过党内集中学习教育和经常性教育，不断深化拓展理想信念

教育的内涵和外延，增强党员干部政治历练、思想锤炼和党性锻炼，引领带动广大普通员工积极作为、建功立业。以高度的政治责任感推进集中学习教育。以强烈的历史使命感抓好经常性教育。工行各分行探索"百年百人百课"述党史、"重走长征路"沙盘演练、成立"金融教育示范基地"、开展"多彩党日"活动，不断推动理想信念教育成为筑牢员工信仰根基的"无形抓手"。

（五）把握好"守正"与"创新"的关系，注重深入浅出，就要不断提升理想信念教育感染力、吸引力

坚持正确的政治方向、舆论导向、价值取向，推动理想信念教育彰显时代感、富于创造性、具有生命力。一是在学理道理上"深入"。把开展理想信念教育同党史、新中国史、改革开放史、社会主义发展史、中华民族发展史宣传教育结合起来，引导广大干部员工深刻领悟中国共产党为什么"能"、马克思主义为什么"行"、中国特色社会主义为什么"好"，时时处处守好方向、守稳立场、守住根脉、守牢底线。二是在传导传播上"浅出"。注重运用身边事例、现身说法，把"大道理"转换为"接地气"的群众语言，做到通俗易懂。充分运用新技术新应用新媒体方式，采取"数字人"、短视频、音频、图文、动漫、快闪等大家喜闻乐见的形式，使宣传教育活动更具互动性、体验感，让干部员工乐意参与、主动融入。

新时代、新征程、新使命，工行党委将继续深入贯彻落实习近平新时代中国特色社会主义思想，把推动理想信念教育常态化长效化作为永恒课题长期抓下去，引导广大干部员工把人生理想信念融于党的金融事业之中，汇聚团结奋斗、勇毅前行的

力量，以实际行动和优异成绩奋力谱写金融服务中国式现代化新篇章！

推荐单位：中国金融政研会

作　　者：霍　江　李萍萍　梁　湛

罗德橙　朴放歌

加强企业人文关怀和心理疏导研究

开展人文关怀和心理疏导是精神共富视阈下，解决当下企业思想政治工作"钝化""乏力"问题的一项有力举措，也是企业加强和改进思想政治工作的"理念创新、手段创新、基层工作创新"。本课题以浙江企业为研究对象，对企业人文关怀和心理疏导工作进行系统性研究，并提出企业思想政治工作一种新范式的实施路径。

一、立足时代、形势和发展，加强企业人文关怀和心理疏导对"促进人民精神生活共同富裕"具有重要意义

从精神共富的"社会视阈"看，加强企业人文关怀和心理疏导是浙江实现"两个先行"的需要。以习近平同志为核心的党中央赋予浙江高质量发展建设共同富裕示范区光荣使命。浙江省第十五次党代会提出要在高质量发展中奋力推进中国特色社会主义共同富裕

先行和省域现代化先行，并指出共同富裕是人民群众物质生活和精神生活都富裕。截至 2021 年年底，浙江具备法人资格的企业数达231 万户。庞大的企业群是浙江物质生产力高度激发和释放的坚实基础，更是精神生产力培育的沃土。加强对企业员工的人文关怀和心理疏导，正是浙江高质量发展推进"两个先行"，实现精神共富的题中之义。

从精神共富的"企业视阈"看，加强企业人文关怀和心理疏导是企业和员工实现"共同发展"的需要。当前，无论是国企还是民营，传统行业还是新兴行业，稳经营、稳生产、稳就业等形势面临不确定性，加之新业态、新用工方式迅猛发展，员工和企业同呼吸、共命运的关系受到了巨大挑战。企业只有把准员工的思想脉搏、精神需求和心理期待，既补充人文关怀这项"维生素"，又用好心理疏导这味"降压药"，才能不断强化员工对企业的归属感和认同感，为企业有序发展赢得稳定局面，画好精神共富同心圆。

从精神共富的"个人视阈"看，加强企业人文关怀和心理疏导是员工"自我实现"的需要。不同年龄、学历、行业的员工群体认知各异、期盼不一，精神文化需求呈现多样化、多层次的特点。其中，作为职场中坚力量的 80 后和 90 后，有着"自我实现"的无限期待，但现实却催生着紧张感和失衡感。在企业思想政治工作中融入心理学、教育学等专业学科，加强人文关怀和心理疏导，正是基于单一的思想政治工作手段无法有效解决心理问题的现状，激发员工"自我实现"原动力，促进精神共富的必要举措。

二、着眼过去、当下和未来，系统总结企业人文关怀和心理疏导"源起、发展、跃升"的浙江实践

（一）10年历程及取得的经验成果

浙江立足"窗口"和"示范区"的定位，秉持浙江精神，干在实处、走在前列、勇立潮头，在省委宣传部统筹和省政研会具体部署下，2012年开始在企业思想政治工作中引入人文关怀和心理疏导理念，取得了阶段成果。

2012—2016年是源起阶段。党的十八大之后，浙江省以员工帮助计划（EAP）为路径，以人文关怀和心理咨询专家指导组及500名二、三级心理咨询师为核心团队，以分两批命名的106家"心灵港湾工作坊"为实体支撑，以"从'心'开始大篷车志愿服务队"为主体力量，系统推进"心灵港湾"建设，在企业线掀起了开展人文关怀和心理疏导的第一波高潮。例如，国网浙江省电力有限公司连续3年与浙江大学心理系合作开办心理咨询师培训班3期。

2017—2020年是发展阶段。党的十九大之后，浙江的探索逐渐从对载体和平台的建设转向对人的全面发展的关注和规范化标准化机制的思考研究，陆续完成了《从"心"开始构筑"港湾"探索基层思想政治工作"心"路径调研报告》《当前浙江干部群众社会心态调研报告》等4份专题报告，创作完成《心的起跑》《心的开始》《员工思想动态手册》等一批具有科学性、可读性的文献作品，为企业分群体、有针对性地开展人文关怀和心理疏导提供

了现实依据和理论指导。例如，吉利控股集团、正泰集团等企业修订完善工资集体协商制度、员工带薪休假制度、员工关爱激励等制度。

2021年至今是跃升阶段。中共中央、国务院《关于新时代加强和改进思想政治工作的意见》下发后，浙江省先后起草并下发《关于推动新时代民营经济新飞跃的若干意见》《关于高水平推进新时代思想政治工作的实施意见》，大力实施良好社会心态引导行动，将企业人文关怀和心理疏导工作与爱国主义教育基地建设、新时代文明实践中心建设和企业文化中心建设同部署同谋划，指导企业的人文关怀和心理疏导工作提档升级。例如，绍兴新昌政企联动推进新时代文明实践中心建设。

回顾10年，可以看出，浙江抓常抓实企业人文关怀和心理疏导工作能取得丰硕成果，得益于"千人同心"得"千人之力"的干事氛围，得益于"真知灼见"促"真抓实干"的干事导向，得益于"唯实惟先"促"走在前列"的干事激情。

（二）总体情况及存在的不足

在总结成果和经验的基础上，立足"两个先行"新征程，为更好地了解现状，走好未来路，课题组设计、下发、回收有效企业问卷71份、员工问卷12409份，并通过经验总结、个案和文献研究，对工作现状、特征进行探究。总的来说，提供人文关怀和心理疏导，将人们的幸福感转化为生产力，已在企业线形成统一认识。超八成的企业建有与员工谈心谈话的独立空间，一半以上的企业与心理咨询机构开展过合作和资源共享，员工的心理健康状况总体较好。

与此同时，仍有一些未尽之处值得关注和补强。一是客体要的多，主体给的少。47%的调研对象时常感到焦虑甚至影响睡眠质量，但企业能提供的专业帮助不多。二是被动应对多，主动谋划少。76.06%的企业是通过身边人发现并逐级上报的方式了解员工思想和心理状况的，存在较大的随机性。三是国企重视多，其他投入少。国有企业整体起步早，投入多，且制度相对完备，大型民营企业也相对较好，而其他类型企业则还需加强。四是实践应用多，理论总结少。相关研究大都停留在实践载体、实践方法的归纳总结，尚未上升到范式研究，对企业缺乏普适指导。五是关注群体多，服务个体少。有70.42%的企业把普适性全员作为人文关怀和心理疏导的主要对象。

这些企业具体实操层面的"五多五少"，一定程度上暴露出企业在人文关怀和心理疏导工作视角、工作理念以及工作方法上的深层次问题。课题组经过全面思考和深入调研，认为只有建立系统科学的框架体系，解决视阈上不够广阔全面、理念上不够与时俱进、方式方法上不够系统具体等底层问题，才能既"治标"又"治本"。

三、统筹宏观、中观和微观，树立"全面发展、全线融合、全员参与"的基本理念

课题组坚持系统观念，以"促进人的全面发展"为理念指引，以心理学、教育学、管理学、组织行为学等学科赋能，将人文关怀和心理疏导作为企业思想政治工作的一种新范式展开研究。立足精神共富的社会、企业和个人视阈，结合调研总结的成绩、经验及发

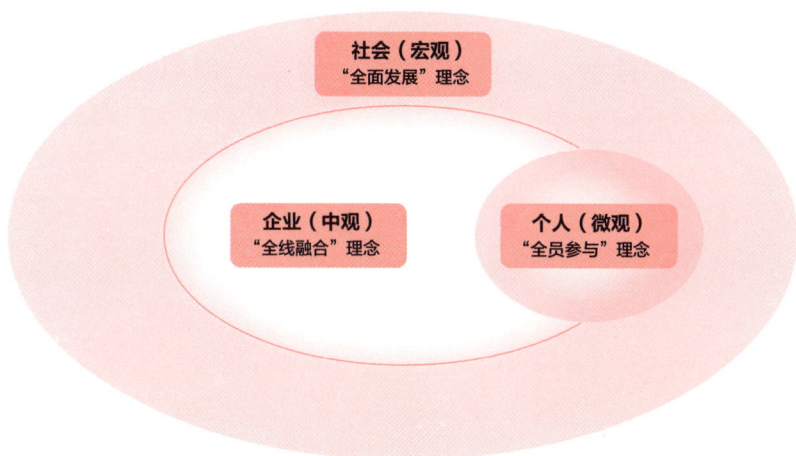

图1 企业人文关怀和心理疏导范式的基本理念思考

现的"五多五少"问题，统筹宏观、中观和微观，提出了企业开展人文关怀和心理疏导工作应遵循的"全面发展""全线融合""全员参与"理念（见图1）。

立足宏观的大局目标，企业要以"全面发展"新理念推进社会、企业与个人的发展相统一。其理念之"新"，不是局限在以个人发展促进社会进步和企业效益提升的"集体本位"思维，而是深刻理解"发展为了人民、发展依靠人民、发展成果由人民共享"内涵，更加关注社会、企业和个人的全面发展、同步提高。着眼中观的体系构建，企业要以"全线融合"新理念推进企业治理与凝心聚力相统一，其理念之"新"，在于将人文关怀和心理疏导工作融入企业治理的方方面面，主动谋划，加大投入，提升科学化、专业化水平，构建横向到边、纵向到底的工作网络。聚焦微观的具体实践，企业要以"全员参与"新理念推进员工个体心理发展与群体心理影响相统一，其理念之"新"，在于把握员工个人差异和不同"群体心理"对个体的影响，不断创新工作方式方法。

四、赋能社会、企业和个人，建立"创氛围、建体系、解困惑"的实施路径

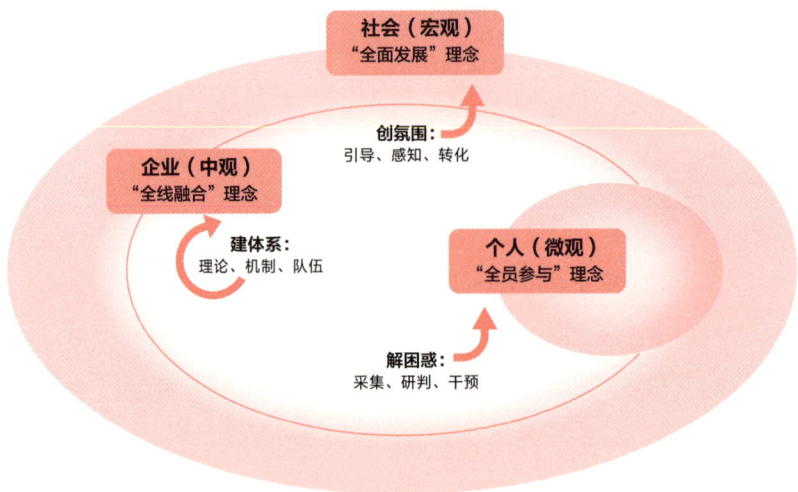

图2 企业人文关怀和心理疏导范式基本理念与实施路径

（一）立足"社会视阈"，要坚持"引导、感知、转化"，创和谐氛围、为社会赋能

一是坚持正面引导，强化对政治观念和优秀文化的心理认同。将党的创新理论主动融入时代语境，组建80后、90后和00后新时代理论宣讲团，以员工愿意听、记得住、用得上的"白话实话"，推动正确的政治方向、政治立场和政治观点在头脑中确立，把主流价值观融入员工心灵深处。坚持以党内先进政治文化引领企业文化建设，吸收中华优秀传统文化中的真、善、美元素，形成契合企业发展实际的企业文化。注重事实教育和榜样影响，开发员工微电影、网络流行歌曲改编等大众文化产品，以轻松、欢快、愉悦的形式满

足员工日益增长的精神文化需求。

二是形成正向感知，以"无声"和"有声"创设心理情境。融入工作生活情境"无声"渗透，广泛发动企业管理层、部门负责人、群众意见领袖，在日常琐碎、零散的事务性工作中，以关怀友善的态度帮助他人、开导他人、劝勉他人，达到春风化雨、润物无声的效果。设计活动情境"有声"宣传，积极开展参观爱国主义教育基地、入党宣誓、主题演讲等活动，内容上突出主流性和先进性，组织上强调有序性和系统性，旗帜鲜明地加强对员工的"有声"宣传。

三是促进正能量转化，以"助己"和"助人"提升心理资本。注重"自我实现"带来的积极心理转化，让员工适度承压，分配与其能力水平相适应的、能"跳一跳、够得着"的工作任务，加强即时沟通与反馈，发展员工兴趣专长，开展"小型多样"的文体活动，培养员工健康阳光的业余兴趣习惯。注重志愿服务带来的积极心理转化，树立帮助他人就是成就自我的理念，建立企业志愿服务平台，积极鼓励员工参加各种公益活动、义务劳动，使员工在帮助他人、服务他人的过程中激发积极情怀和积极心理。

（二）立足"企业视阈"，要强化"理论、机制、队伍"，建工作体系、助企业发展

一是强化专业指导，做到"理论"和"实践"相互促进。推进理论知识常学常新，把人文关怀和心理疏导作为加强、改进、提升思想政治工作科学化水平的重点课题，多学科持续开展研究工作，探索规律、把握特点，推出一批有价值的研究成果。推进途径载体常用常新，坚持数字化改革赋能，探索运用现代信息技术和新兴传播手段开展人文关怀和心理疏导的途径，丰富完善调查走访、热线

电话、心理咨询、健康教育等方式方法，在工作中做好前沿理论的实践应用与总结提升。

二是完善组织机制，做到"横向"与"纵向"相互贯通。建立健全横向到边的融合机制，加强顶层设计，将人文关怀和心理疏导工作纳入企业领导层的决策考量，积极营造齐抓共管、同频共振的良好局面。建立健全上下贯通的工作格局，构建涵盖条件配备、实施成效、对象反馈的全面评价体系，健全工作网络，优化管理层次，合理配置资源。

三是统筹人才资源，做到"专业"和"志愿"相辅相成。建立心理咨询专家团队，加强对现有思想政治工作队伍在人文关怀和心理疏导方向的专业培养，制订详细的培养计划，通过学历层次提升、知识技能培训取证等多种途径，健全并扩大心理咨询师队伍规模。吸收志愿服务后备资源，探索线上心理咨询、心理服务等方式，以满足实践工作对人才素质和数量的要求。

（三）立足"个人视阈"，要及时"采集、研判、干预"，解思想困惑、强员工心智

一是实时采集信息，加强"认知"和"情感"的心理共振。建立心理咨询场所，充分利用网络空间，建设"员工吐槽地""利益表达工作室"等场所，并安排专人专员及时收集意见和答复反馈。设立"心灵驿站""阳光心灵港湾"等固定场地，专人开展员工心理咨询，及时清除心理郁结和心理垃圾。建立思想交流平台，推出"公司嘉年华""老铁有饭局"等载体，让员工感受到来自"娘家人""好朋友"的温暖，努力使员工"掏心窝子"，全面反映思想状况，为消极情绪转化为积极情绪创造条件。

二是研判思想动态，深化"群体"和"个体"的心理分析。加强常规群体、各类偶发群体和非正式群体的心理分析评估，常态化开展员工思想动态分析，研究群体影响个体的带动机制，开展群体心理疏导。加强个体心理典型研究，总结"工作压力疏导、职业倦怠消除、成长迷茫解惑、环境改变适应、生活困难帮扶"等各类典型场景下开展人文关怀和心理疏导的典型经验，让员工思想管理"看得见、摸得着"。

三是及时做好干预，把握"学习"和"接受"的心理机制。深层次挖掘、分析员工产生思想问题的底层诱因，基于员工的知识结构和个人经历进行心理引导，坚持顺其自然、循循善诱、耐心说服，晓之以理、动之以情，使员工在讨论交流中获得启发和感知；坚持解决思想问题与解决实际问题相结合，力所能及地帮助员工解决遇到的现实困难，理顺情绪、化解矛盾调动工作积极性。

五、坚持迭代、更新和提升，明确"社会整体统筹、企业开放创新、个人提升心理品质"的演进方向

一是社会和政府层面要坚持整体统筹，营造各类企业"各美其美、美美与共"的和谐氛围。需要坚持整体考量，帮助国企、民营、混改等不同类型企业深化人文关怀和心理疏导工作。需要将企业人文关怀和心理疏导纳入社会治理范畴，推动资源优化，统筹配备专兼结合的工作队伍，加强各级各类文化阵地、党员教育培训基地、爱国主义教育基地等的规划建设和管理使用，推动公共文化设施向社会免费开放。

二是企业层面要持续开放创新，健全完善"实践—认识—再实践"的科学体系。需要时刻保持开放的心态，紧跟形势任务、工作内

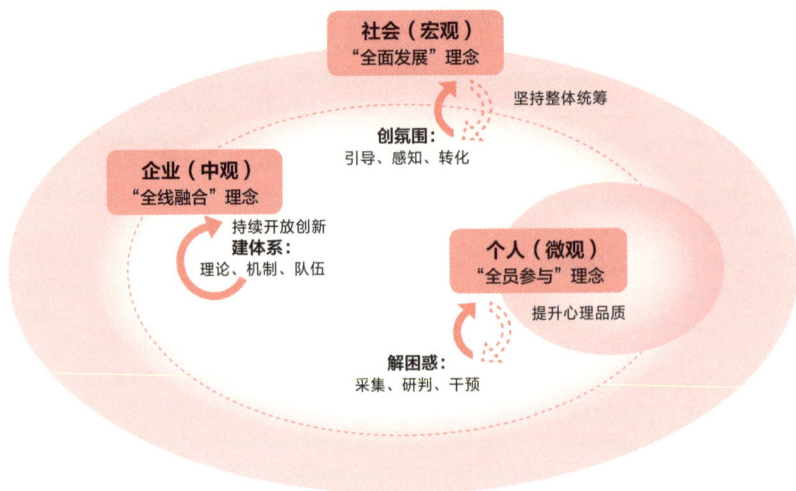

图3　企业人文关怀和心理疏导机制

容和媒介的变化，将新的理念、新的方法及时吸收到企业开展人文关怀和心理疏导的工作体系中。只有把握"实践—认识—再实践"的科学规律，坚持与时俱进，不断创新发展，范式才会不断完善，才能从容应对新形势、新要求、新任务，不断增强其适应性和有效性。

三是个人层面要提升心理品质，推动企业形成"自尊自信、理性平和、积极向上"的积极心态。要注重提升辩证思维、理性精神、淡定心态等各项素质，以全面、发展、联系的辩证思维认识事物，以讲逻辑、守规则的理性精神思考问题，以从容平静、不骄不躁的淡定心态理顺情绪，点滴汇聚、以成江河，进而提升企业员工整体的心理品质，为企业人文关怀和心理疏导工作赋能。

推荐单位：浙江省政研会

作　　者：王　静　邵　丹　史常宝

　　　　　王岚岚

发挥"支部建在船上"优势 构建新时代远洋船舶企业 思想政治工作体系研究

中国远洋海运集团发挥"支部建在船上"优势，积极探索构建远洋船舶思想政治工作体系，积累了经验，取得了成效。

一、70多年来，远洋船舶坚持"支部建在船上"开展思想政治工作的重要经验

"支部建在船上"是中远海运集团党建工作的光荣传统和船舶思想政治工作的独特优势。70多年来，集团坚持"支部建在船上"、坚持船舶配备政委制度、坚持思想政治工作生命线地位"三个不动摇"，特别是将船舶思想政治工作作为船舶党建一项经常性、基础性工作，在实践中形成一系列经验成果。

（一）坚持党的领导是加强远洋船舶思想政治工作的重要前提

集团从成立之日起就树立了"党的一切工作到支部"的鲜明导

向，坚持每艘船舶配备党员，建立党支部，确保党的路线方针政策和决策部署在船舶得以迅速落实。特别是将船舶党员理论学习抓在日常、严在经常，让党的创新理论"飞越沧海"，在船舶落地生根。长期以来，船舶思想政治工作形成全过程闭环管理系统工程，统筹思想作风建设、特色支部建设、船舶文化建设、先进典型培育等具体工作，在提升船舶管理水平、保障安全运输生产、应对突发事件等方面作出了重要贡献。实践证明，船舶思想政治工作做实了就是生产力，做细了就是凝聚力，做强了就是竞争力。

（二）政委队伍建设是加强远洋船舶思想政治工作的关键因素

集团将政委队伍建设作为加强船舶党建的关键环节，建立完善了船舶党建主体责任"一主三辅一配套"制度体系，形成了对船舶政委"全链条"规范化管理模式，从制度机制上解决了"支部建在船上"靠谁建、怎么建、建成什么样的重大问题，真正体现出履行船舶思想政治工作主体责任的使命担当。实践证明，船舶政委在统一船员思想、凝聚船员力量中发挥了不可或缺的重要作用，加强政委队伍建设是船舶思想政治工作的重要抓手和关键因素。

（三）推动解决思想问题与解决实际问题相结合是加强远洋船舶思想政治工作的根本途径

党的十八大以来，集团在解决船员思想问题上精心开辟"海上课堂"，在解决实际问题上根据船员职业特殊状况给予全方位关心关爱。特别是近年来推出十大"实事工程"，有力保障船员思想上心齐气顺、工作上一帆风顺。实践证明，解决思想问题和解决实际问题是思想政治工作的根本抓手和重要途径，只有既讲道理，又办实事，才能真正把企业发展的"大势所趋"巩固为共同奋斗的"人心所向"。

（四）文化赋能是加强远洋船舶思想政治工作的重要动力

船舶文化的传承发扬一直伴随着集团船舶党建和思想政治工作的发展，在同频共振中彰显了强大的文化力量。进入发展新时期，向海而兴、图强报国成为远洋船舶最根本的底色；同舟共济、艰苦创业成为远洋船舶最鲜明的品格。在基层船舶中孕育了理想信念坚定"压舱"、工作责任落实"满舱"、精神状态迸发"爆舱"的"三舱"精神，形成了"金牌三长""海上十杰"评选等典型评选体系。实践证明，具有航海特质的船舶文化激励着一代代航海人坚守星辰大海、立足"浮动国土"，汇聚了领航全球的精神力量。

（五）与时俱进、持续创新是加强远洋船舶思想政治工作的内在动力

把继承优良传统和改进创新结合起来，不断探索船舶思想政治工作的新方法和新途径，努力提升船舶思想政治工作科学化水平，是中远海运"支部建在船上"传统沿袭至今的一个重要经验。随着航运形势的不断发展，船舶思想政治工作不断守正创新，注重探索优良传统的新发展，注重总结传统工作的新经验，注重形成规章制度的新体系，注重运用现代科技的新手段。实践证明，只有与时俱进、守正创新，思想政治工作才能贴近时代、充满生机、永葆活力。

中远海远集团坚持"支部建在船上"党建传统，加强远洋船舶思想政治工作。图为 2016 年 11 月 2 日，中远海运"永盛"轮满载巴西费拉兹南极科学考察站建设物资，首航南极

二、当前远洋船舶思想政治工作面临的新情况新形势

当前，对于涉外性强、全球化程度高的航运央企来说，船舶思想政治工作无论从显性还是隐性，都发生了重大变化，面临着一系列新情况新形势新课题。

（一）航运强国重要论述赋予新使命

习近平总书记对交通强国、海洋强国、航运强国建设作出一系列重要部署，强调"经济强国必定是海洋强国、航运强国"。百年未有之大变局下，航运物流业的重要性充分彰显，航运央企所肩负的责任使命更加艰巨。中远海运集团经过改革重组，处于从"跟跑"

向"引领"超越的重要战略机遇期。在此重要时期，进一步加强远洋船舶思想政治工作，成为企业参与全球竞争的"成功密码"、奋进交通强国的必然要求和建设世界一流企业的根本政治保证。

（二）百年未有之大变局产生新环境

当前，世界之变、时代之变、历史之变的特征更加明显。国际政治局势的变化，对船舶生产运营带来一系列风险和考验，也直接影响到船员的工作生活。同时，信息科技和数字化发展日新月异，新闻资讯日益丰富、文化传播日益多元。当前形势下，船舶思想政治工作敢于担当、勇于斗争的责任更大，凝心聚力、鼓舞干劲的任务更重，准确识变、科学应变的要求更高。

（三）船员职业优势下降引发新课题

船员是航运企业创造价值的核心主体和不可或缺的核心战略资源。当前，陆岸工资与船员工资收入差距不断减少，船员高收入高福利的吸引力逐渐弱化，船员传统职业优势逐步下降，对船员造成的直接影响主要表现在缺乏职业荣誉感。这一现实问题成为新时期船舶思想政治工作需要关注的重点和焦点。

（四）船员工作场景变化带来新挑战

远洋船舶长期漂洋过海，日夜兼程，环境封闭，条件艰苦。随着数字化智能化水平提升，港口装卸效率提升，船舶运输效率提升，船员在港口停留时间缩短，工作节奏加快，导致船员工作压力、心理压力较大。船员生命安全、心理健康和队伍稳定，成为当前船舶思想政治工作的重大责任、重大任务和重大考验。

（五）航运数字化时代倒逼新思维

在科技革命、产业革命的推动下，国际航运业正在孕育和发生着深刻变革，对远洋船员提出了更高的素质要求。目前，集团船舶高素质船员、高级船员相对短缺，培养造就德才兼备、专业技能高超的高素质船员队伍，是当前和今后一个时期船舶思想政治工作的迫切任务。

三、发挥"支部建在船上"优势，构建新时代远洋船舶思想政治工作"领航力"体系的探索和实践

传承"支部建在船上"传统和优势，结合近年来船舶体制改革、船员体制改革中的党政融合实践，中远海运集团形成远洋船舶思想政治工作一整套"领航力"体系，主要包括"一个核心""三个抓手""五项工程"。

"一个核心"是以"党建领航"理念为核心。将船舶党建与业务融合发展作为船舶党政"一把手工程"和长期性工作，聚焦制约船队运行和高素质船员队伍建设的焦点问题、薄弱环节，列出党建领航发展任务清单聚力攻坚，达到党建领航、党政融合的目标。

"三个抓手"包括特色船舶党支部创建、"标杆船舶"创树、船舶政委队伍建设。特色船舶党支部创建涵盖全系统 763 个自有船舶党支部，探索"培育＋考核"创建路径，形成"6+6+5"创建模式和长效创建机制。"标杆船舶"创树和"三做能力指数"体系构建以所属中远海运能源公司为试点，将构建船舶党建"三做能力指数"体系作为"落地点"，制定"七项党建举措"引领船舶管理"十项

中远海运集团在远洋船舶开展特色党支部创建活动，打造"漂动国土"上的特色党建品牌。图为船员党员发挥先锋模范作用，开展船船自修

提升内容"的工作机制，建立"十项全能"船舶管理领先指标体系，并编制生产力指数、竞争力指数和凝聚力指数，构建船舶党建指数化运行体系，开创船舶党建思想政治工作数字化先河。船舶政委队伍建设方面推出一整套制度体系，包括择优选拔机制、培训培养机制、考核评价机制、褒奖激励机制、追责惩处机制。

"五项工程"是中远海运船舶思想政治工作体系的主体，既区分维度，又相辅相成。

（一）领航工程——打造政治过硬的"钢铁船队"

船行万里，思想领航。船舶党支部的组织力强不强，关键在于政治功能发挥好不好。而政治建设的重要途径是加强党的创新理论武装，引领船舶党员深刻领悟"两个确立"的决定性意义，增强"四个意识"，坚定"四个自信"，坚决做到"两个维护"，主动扛起航运报国的责任担当，确保长期战风斗浪中锚定正确方向。针对船舶党员因客观因素带来的政治理论学习难题，中远海运集团实施"领航工程"，精心开辟"海上课堂"。一是以思想为舵，将党的十八大以来习近平总书记对建设交通强国、海洋强国、航运强国作出的一系列重要论述转化成船舱微课、线上云课，形成情景教学、观影研学、线上送学、实践比学、联建共学"五位一体"学习模式。二是以学习为帆，将学习百年党史和航运史相结合，举办红船筑梦、红歌"船"唱等"接船气""有海味"的活动，引领船舶党员深刻领悟新中国航运业在党的领导下从近海到远洋，从追随到领跑的光辉历程，强化"海运即国运"的使命担当。三是以实践为桨，引导全体船员把握"国之大者"，聚焦中国外贸企业出口之忧、国家战略运输拥堵之困、人民生活物资供应燃眉之急，全力促畅通、稳外贸、保民生，发挥国家船队"顶梁柱""压舱石"作用。

（二）导航工程——明确党政融合的路径

船舶党支部的引领性核心作用发挥，关键指标在于是否能够高效有序调配资源，领导船舶自身治理，提升服务中心任务的能力。"导航工程"的重点任务就是明确党政融合的抓手和路径。一是在船舶安全营运中发挥"强心剂"作用。制定船舶党支部工作实施细则等20多项船舶思想政治工作制度，规范船舶党建工作内容、方法和程序，保证船舶能够围绕中心和突出重点，坚定不移贯彻执行上级的各项决策部署。二是在集中船舶优势力量中发挥"黏合剂"作用。有效团结一切优势力量，有效吸引一切优质资源，为船舶生产经营夯实根基。三是在带领船舶攻坚克难中发挥"驱动剂"作用。统一思想、鼓舞干劲，化解压力、解决问题，提升项目质量、效率和安全。四是在营造船舶和谐氛围中发挥"润滑剂"作用。顺畅工作协调和感情沟通，化解工作矛盾、解开思想疙瘩。近年来，集团各船舶党支部把思想政治工作"生命线"转化为船员全力以赴服务"六稳""六保"、维护产业链供应链稳定的"保障线"；转化为提升客户服务价值、推动企业迈向世界一流的"风景线"；转化为坚守船舶，严格杜绝新冠疫情的"平安线"；转化为情系船员，为船员大力化解急难愁盼的"连心线"。

（三）远航工程——推动高素质船员队伍建设

发挥思想政治工作的学习教育功能，推动高素质船员队伍建设，是航运企业行稳致远、基业长青的重要保证。中远海运推进"远航工程"，把航运人才，特别是船员队伍建设放在重要位置，培养造就高素质船员队伍，加快建设航运人才聚集高地，积极推进党政复合型人才队伍建设。一是持续开展"四个一批"年轻船舶干部培养，加大陆地与船舶之间干部人才交流力度，健全高端航海人才快速培养体系。二是着眼数字创新驱动，加快数字化创新人才培养，确保系统化培训、专业化培训、职业化培训到位，打造与集团数字化转型相匹配的船员队伍。三是加大党务与经营管理干部双向交流力度，把船舶政委岗位作为培养选拔企业领导人员的重要台阶。实施船岸人才"双栖制"指导意见，用好船岸"双栖"交流机制，打造一支既有船舶实践经验又会陆岸管理的复合型人才队伍。各航运企业通过思想政治工作营造科学用人良好环境，特别在青年船员人才培养上，建立优秀船员人才成长成才"快车道"，确保集团航运事业发展后继有人。

（四）续航工程——优秀船舶文化赋能

船舶文化是船舶的灵魂，以文化赋能是船舶思想政治工作最有效的方式之一。船舶党支部需要合理协调文化建设与思想政治工作之间的联系，深入挖掘航海精神、航海文化富矿，锤炼具有新时代个性气质的船舶文化，为新时代新航程汇聚力量。中远海运"续航工程"即文化赋能工程，以建设文化引领型党支部为主题，弘扬"同舟共济"航海精神，为船舶思想政治工作增强活力。一是注重精神传承。深入挖掘中国近代以来百年航海史中的红色历史文化资源，整理编纂以杨怀远小扁担精神、贝汉廷航海家精神、严力宾舍身护船精神等为代表的航海精神谱系，以红色记忆立心铸魂。二是实施价值浸润，坚持把培育和弘扬社会主义核心价值观作为凝魂聚气、强基固本的文化基础工程，在复杂矛盾局势中激浊扬清，构建船舶的强大思想基础。三是加大文艺创作，发动广大船员投入文化精品创作，推出新颖、个性、生动的文化产品，进一步增强航海职业的吸引力和感染力。四是树立典型标杆，开展"特别贡献奖""金牌船舶三长"和"海上十杰"等荣誉评选，不断增强船员职业荣誉感，点燃广大船员坚守星辰大海的奋斗激情。一系列具有文化意蕴的思想政治工作铸就建设海洋强国、航运强国的"精神密码"。

（五）护航工程——为远洋船员打造"幸福港湾"

集团牢记习近平总书记对船员"一帆风顺"的殷切嘱托，关注和解决船员现实问题，通过创新服务方法举措，建立完善保障机制，不断提升服务质量。"护航工程"重点是聚焦船员关心关爱，打造"蓝色港湾"，为船员办实事办好事。新冠疫情暴发后，船员面临换班难、就医难、补给难等重重困境。集团把统一船员思想同解决船员急难愁盼实际问题相结合，党政工团合力打造"蓝色港湾"，为船员排除心理上的"恐慌"、化解生活上的"忧虑"。为化解船员换班之急，船舶党支部创新手段、想方设法，按照"一港一疏通、一船一方案、一人一计划"推动船员疫苗接种和换班休假，上船船员疫苗接种率100%，2021年累计换班7548艘次。畅通职业发展通道，600余名长期借用船员调陆岸工作。制定"关爱船员、守护航船"行动纲领，推出船员健康行动计划和海员心理危机干预应急预案，开通船员心理咨询热线，建立"云医生"远程医疗平台，培养"海上健康管理师"，自主研发绿叶蔬菜保鲜技术等，为船员织牢健康网。加大薪酬待遇向船员倾斜力度，推进实施船员个税减免政策，保障船员共享政策红利。为化解船员后顾之忧，加强海员家属站建设，发挥海嫂"第二政委"作用，构筑船岸协调机制，创建"红色航程＋蓝色港湾"新模式。

面对新时代新形势，远洋船舶思想政治工作必须以习近平新时代中国特色社会主义思想为指导，进一步发挥"支部建在船上"优势，坚持和加强党的全面领导，坚持以船员为中心，坚持遵循思想政治工作规律，坚持守正创新，不断加强和改进，真正锻造为国远航、使命必达的"领航力"。

推荐单位：中央企业党建政研会

作　　者：刘海涛　朱雪峰　吴彦红

党史学习教育常态化长效化机制研究

上海医药（集团）有限公司党校（以下简称"上药党校"）依托自身独特的地理优势和周边丰富的红色资源，独创性地开发了以"觉醒之路：南昌路的红色记忆"为代表的系列"行走党课"，将党史学习教育深刻、生动融入党员领导干部培训课程体系，并积极探索党史学习教育的常态化机制。通过一系列新方法、新举措、新路径，不断将党史学习教育向纵深推进。

一、"行走党课"的开发对于开展党史学习教育的重要意义

（一）发掘与宣传上海红色资源的迫切性

2019年11月，习近平总书记考察上海时特别强调，上海是我们党的诞生地，党成立后党中央机关长期驻扎上海。上海要把这些

丰富的红色资源作为主题教育的生动教材，引导广大党员、干部深入学习党史、新中国史、改革开放史，让初心薪火相传，把使命永担在肩，切实在实现"两个一百年"奋斗目标、实现中华民族伟大复兴的中国梦进程中奋勇争先、走在前列。作为党的诞生地、初心始发地、伟大建党精神孕育地，上海是一座有着光荣革命传统的城市，我们要遵照习近平总书记的重要指示，把这些基因、传统、资源传承好、发扬好、利用好。

（二）发掘与宣传上海红色资源的特殊性

上海的红色资源有其鲜明的特殊性，尤其是建党初期的历史主要集中发生在上海。因此，进一步梳理和发掘上海的红色资源，对了解和研究中国共产党的发端与成长有着极为重要的意义。上海作为中国共产党的诞生地和发源地，在深入挖掘中华优秀传统文化、继承革命文化、发展社会主义先进文化、讲好中国故事方面，有着得天独厚的文化资源和优势。

（三）发掘与宣传南昌路红色文化的重要性

了解党的历史、熟悉党的历史、继承和发扬党的历史的优良传统，担负起历史赋予共产党人的使命，是新形势下实现中国特色社会主义伟大事业的根本保证。上海的红色文化是这座城市特有的内涵和积淀。以南昌路为例，由东向西依次包括：大同幼稚园、中华职教社、中国共产党发起组成立地（《新青年》编辑部）、第一次国共合作时期国民党上海执行部等重要机构旧址。因此，对南昌路沿线红色资源的有效发掘和开发，以及与周围重要红色资源形成进一步联动和资源整合，从理论层面对于深入研究党的初创历史以及上海在建党初期所扮演的重要作用极具裨益，从实践层面对于深入开展思想政治教育、传承红色文化血脉更有着十分重要的作用。

二、"行走党课"的实践对于开展党史学习教育的效果提升

（一）问题导向：致力于培训的针对性

1.学习主体的动力减弱。信息时代是一把双刃剑，在便利生活的同时也让人沉浸在难以自拔的泛娱乐生活之中。于是，有些党员干部出现了"宽松软"状况。也就导致了少数党员干部组织观念淡薄，党性意识缺失，个人意志膨胀。改变"宽松软"状况不容忽视，消除畏难退却心态迫在眉睫，克服组织观念淡薄至关重要。这些既是党史培训教育效果不佳的主观原因，也是党史培训教育要解决的

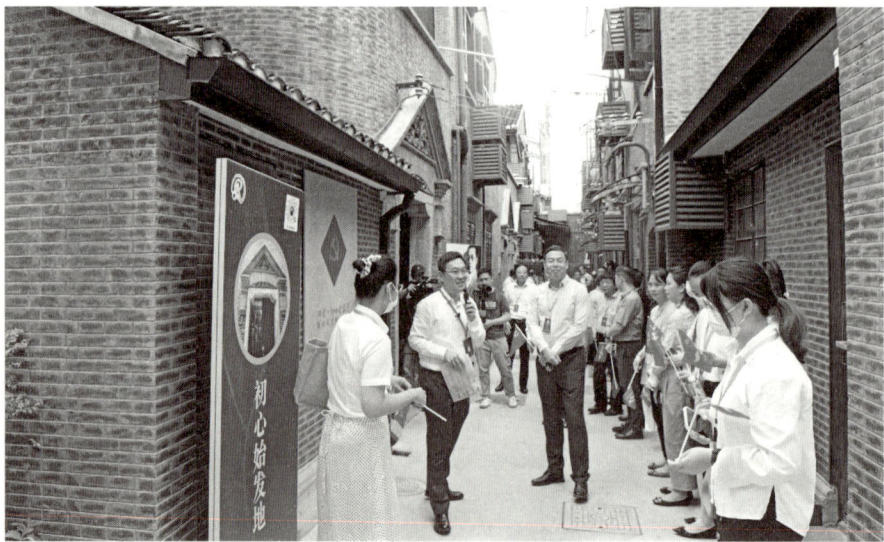

"党课开讲啦"优秀党课展示活动教学现场

根本任务。

2. 学习形式的单一僵化。党史学习教育大多停留于传统课堂式的教育培训模式。传统课堂式教育培训的基本特点就是理论灌输，形式上千篇一律，理性化程度虽然高，但促使学员以实现感性认识是不足的，也不符合多元时代下学习方法多样性应有的特点。党史培训教育长期以来缺乏生动性、鲜活性。形式上的单一与僵化，是亟须改变的现状，是目前党史学习培训效果不佳的客观原因之一。

3. 学习内容的浮泛偏狭。课堂式学习总是过于宏观与抽象，这是党史学习教育效果不佳的一个客观原因。相对于课堂讲授，现场教学的课堂则在革命旧址里，每个旧址都有具体事件，因此现场教学的优势之一就是在现场分析具体历史事件，这就带出了教学的专业性问题。与此同时，事物是普遍联系的，现场教学的点与点之间是经过设计的，这就又能突出历史事件间的联系性。于是在现场教学中，学员除了能获得生动性外，还能获得党史知识学习的系统性。

针对以上情况，上药党校有的放矢地以"行走党课"为创新载体，在现场讲历史、说故事、推大势，由此增强了课程的专业性与系统性，推动了党史学习教育向更高维度升级。

（二）内容丰富：致力于教育的有效性

1. 以行走线路重温建党关键时刻。"觉醒之路：南昌路的红色记忆"行走线路围绕南昌路的红色资源串联起上海孙中山故居纪念馆、中国共产党发起组成立地（《新青年》编辑部）旧址、第一次国共合作时期国民党上海执行部旧址等重要场馆。

行走线路从大历史的角度建构整体历史观，回顾百年党史的关键时刻，理解中国革命的复杂性，理解中国共产党诞生的必然性，以及中国革命道路经历曲折转变的特殊性。

2. 用红色故事解读伟大建党精神。在教学过程中，上药党校还突出了建党初期的革命者在上海的革命足迹与理想追求，从而感悟伟大人物为民族独立、人民幸福而奋斗的心路历程。其中最重要的代表人物之一就是毛泽东。

毛泽东虽没在南昌路居住过，但在老渔阳里 2 号的交谈改变过他，在上海执行部的工作激奋过他，他的孩子也在大同幼稚园被托付过。这一切都是对共产党人"对党忠诚、不负人民"的最好刻画。而"南昌路的红色记忆"正是对伟大建党精神的集中体现。

（三）形式新颖：致力于学员的体验感

1. 精心编排线路，延伸学员体验。为了延伸学员的体验感，党校在全面推出"行走党课"前，多次对上海各个红色历史场馆进行了实地行走、现场考察、与场馆方保持联系沟通等，通过反复调整组合，最后确定了一个区域（南昌路街区）内的数个点，并形成了3 条以不同主题为分类的，合理连接各个红色场馆的行走线路——"觉醒之路：南昌路的红色记忆"。

同时，为了进一步延伸学员体验，丰富其对红色文化的"全方位"感知，设计并制作了行走党课系列文创产品，包括"不忘初心"书签、学习笔记本、建党 100 周年 U 盘，以及带有微缩版手绘地图的水笔，让学员不仅能听到、看到，更能触到红色历史，感受红色文化。

2. 有效利用信息化，探索"元宇宙"教学。在教育培训工作中运用网络化、信息化势在必行，这是网络信息技术和思想政治教育相结合的重要平台，具有快捷、高效、辐射的特点。

目前，上药党校与上海应用技术大学马克思主义学院合作，开

"行走党课"在《解放日报》专版上的介绍

通了一系列信息化学习与在线学习的新渠道。如引进上海应用技术大学《中国近现代史重大事件亲历虚拟仿真实践》《中国近现代史重大事件亲历之开天辟地》两套虚拟仿真实践教学课程。前者涉及鸦片战争、辛亥革命、抗日战争、新中国建立、走进新时代等重大事件或标志性节点，通过虚拟仿真技术对历史场景的还原（包括历史事件参与、历史知识问答等），使学员们在信息技术的帮助下获得鲜活的学习体验，与南昌路行走党课无缝衔接。与此同时，还开通了微信公众号"行走沪上·红色元宇宙"，上传了大量马克思主义经典作家原著（节选）、原著导读、党史知识普及、党史艺术作品赏析等，充分利用信息技术的便捷性，推动高效学习、趣味学习。

（四）机制创新：致力于学习长效化

1. 顶层设计，开拓系列行走党课路线。借着南昌路"行走党课"

党史学习教育常态化长效化机制研究

99

的开发与成熟运作，上药党校进一步整合上海的红色资源，逐渐形成以"3路2线1江"为载体的"红色上海"系列"行走党课"，即南昌路、愚园路、多伦路的"行走党课"（3路），"中共中央在上海""青年毛泽东在上海"的"巴士党课"（2线），上海黄浦江上"红船党课"（1江）。通过顶层设计，目前已建构起一个较为系统的并充分利用上海红色资源的现场教学"行走党课"课程群。

2. 建立机制，成立"觉醒"创新党课工作室。为更好地服务"行走党课"持续开发与推进，推动党史学习教育常态化，上药党校特别设立了"觉醒"创新党课工作室。工作室以党校教育培训部为主体，特邀党史专家担任常驻教授经常性地开展研讨，聘请专业学者组成常态化讲师团，并与知名学会建立交流机制，以此保证"行走党课"的原创性、专业性、学术性。每学期末，工作室都会总结课程的得失，征集下一学期的讲座课题，汇总一学期以来学员的学习体会、意见与建议，并与工作室的顾问、讲师团进行交流和磋商，以期提高教学水平，更好地满足学员们的需求。

3. 资源整合，服务地方建成红色之都。"红色上海"系列"行走党课"课程群的推出，一是有效整合了本来较为零散的红色旧址，使党史学习的碎片化转变为系统化、逻辑化。经历了现场教学，人们对于各红色旧址的了解，不必再是到某个点说某个故事，而是在某个点上激活一连串的点，进而连成线、形成面，还原出一整套鲜活饱满的历史。党史学习因此可以变得立体化、全面化。二是有助于服务上海红色文化的提炼与整合。系列"行走党课"的推出，就是以现场教学的形式，对革命旧址进行深度整合，有助于我们在对上海红色文化进行传播时，有一个整体性的表达，进而扩大上海城市文化的影响力。

三、"行走党课"对于新时代思想政治工作的一些启示

（一）成果借鉴：注重理论研究与现场教学相融合

现场教学不是在历史景点讲历史故事，而是在革命旧址通过历史故事讲历史发展的理论、趋势及其时代价值与未来的意义。因此，"行走党课"特别注重理论研究与现场教学相融合。

南昌路"行走党课"的设计与开发，源于上海市哲学社会科学规划专项课题"以南昌路为中心的区域红色资源挖掘与推广研究"，并由光明日报出版社出版了同名研究专著，因此课程也是研究成果的一部分。

自 2021 年开设以来，通过"行走党课"这个新载体，上药党校已累计开展教学百余场，服务国企、党校、社会组织 60 余家，惠及党员近 5000 名。融入了理论研究的现场教学，不论在深度、广度还是高度上，都帮助学员拓宽了视野，在知识与理论层面的学习皆得到了升华，深受学员的一致好评。

（二）方法借鉴：注重比较研究和实地调查相结合

要使"行走党课"这一创新的党史学习教育课程形式进一步提高质量和效果，就必须将实地调研和比较研究结合起来。上药党校意识到充分拓展"行走党课"的丰富外延，要紧密结合南昌路的实际情况开展教育培训，由此方能使学习教育的内容更加丰满生动、便捷高效。

通过多次现场实地调研，我们意识到：一是在设计教学内容时，

行走党课"觉醒之路：南昌路的红色记忆"手绘地图

南昌路区域教学资源丰富，历史底蕴深厚，要充分注重整合现实情况，由此形成"点—线—课"一体化的特色教学模式，充分拓展"行走党课"在党史学习教育中的厚重内涵。二是在设计教学形式时，要充分兼顾多个原则，即学员人数、空间限制、行走安全、周围环境等，要尽可能排除不必要的干扰因素，因此在路线设计上需要以学员为本、从学员体验出发，做到合理规划、有效取舍，安全第一、体验丰富。

（三）功能借鉴：注重资政育人和机制建立相促进

历史研究尤其是党史研究，有其更实际的功能——资政育人。而依托物质载体激发人的感性认识是资政育人的有效方式，能够产生并强化相应的价值观。南昌路上的红色旧址是历史的红色文化的物质载体。身处其中，可以极大地激发学员内心深处的历史感，使资政育人更加生动、形象、鲜活、立体，对学员充满吸引力、感染力、号召力。因此，在"行走党课"中，就必须使资政育人功能和教育机制建立相互促进。

在实施过程中，要重视建立长效机制，不仅要有现阶段开展的各项措施，更要建立常态化持续推进的制度，确保"行走党课"步步深入、层层推进。要让学员在行走中寻访红色旧址，感受中国共产党初创时的艰辛与不易，在行走中传承红色基因，进一步筑牢理想信念根基。

两年来，经过上药党校的不断探索与实践，"行走党课"取得了明显的成效。课程的前期开发与教学实践获得了媒体的关注：2021年5月27日《解放日报》报道《用心灵感悟红色历史，以行动激发红色引擎》，2021年6月8日《解放日报》头版刊登《身临其境现场学，让党史鲜活起来》。2021年9月28日"行走党课"参加由上海市委组织部组织，市国资党委、静安区委、嘉定区委联合主办的"党课开讲啦"优秀党课展示活动，课程视频随后在"先锋上海"、基层党建网等平台展播。"行走党课"教学案例也入选人民日报民生周刊杂志社和中共中央党校出版社发起的"献礼建党百年"基层党建与民生发展优秀案例。以"觉醒之路：南昌路的红色记忆"为代表的系列"行走党课"这一新生事物在实践中不断改进、提升和完善，为上药党校高质高效地开展党史学习教育增添了强大动力，开辟了新的路径。

推荐单位：中国医药政研会

作　者：王豪斌

重庆市九龙坡区新时代文明实践工作调研报告

重庆市九龙坡区结合当地社会基础和历史条件，将新时代文明实践作为探索基层思想政治工作与社会治理互融互通的新路径，将其作为"中国之治"在基层的新抓手，把预防与化解各类矛盾作为打开新时代文明实践工作的突破口，取得了良好成效。辖区内群众的精神面貌、社会风气、治理效能有了很大提升。九龙坡区将新时代文明实践中心作为推进中国式现代化过程中基层治理的重要平台，把深化改革过程中所带来的压力分解到社会治理各个层面，从不断变化的实际出发，坚持以人民为中心，充分发挥区一级的枢纽与统筹作用，整合调配全区各种资源和力量，以新的思路理念与方式方法，构建了一系列基层思想政治工作新阵地、新平台、新载体，盘活了基层，打牢了基础。

一、工作路径与主要成效

（一）统筹构建农村基层思想政治工作的综合型阵地，助推乡村振兴

思想政治工作是党的优良传统鲜明特色和突出政治优势，但随着农村生产生活方式的深刻变化，思想政治工作在农村基层有所弱化，一些村民产生了消极悲观、怨天尤人、精神迷茫、思想困惑的情况。针对这一现象，九龙坡区牢牢扎根脚下的土地，紧密结合当下村民的生活与思想实际情况，从多个维度开展农村的新时代文明实践工作。

1. 答思想之疑，解认识之惑。九龙坡区针对不同村镇的新变化新特点，针对当地群众普遍的生活状况与心理状态，在田地院坝、广场公园、乡村集市持续举办"理论面对面""道德讲堂""院坝故事会"等活动，以平实生动的语言表述，以小见大、深入浅出地将党的方针政策、国家的未来与乡村发展讲给村民听，并在活动中与村民形成互动，为他们解疑释惑，阐明道理。村民中存在的某些偏激、片面的看法得到纠正，改变了以往思想工作中一些群众容易产生逆反情绪的情况。通过摆事实、讲道理、明辨是非、澄清模糊认识，获得了基层群众强烈共鸣，提振了农村的精气神。

2. 固精神根本，护文化本源。九龙坡区许多乡村地区利用当地的红色文化资源，持续开展讲红色故事、讲革命精神等爱国主义活动，从源头上凝聚乡村正能量。同时，各文明实践站牢牢扎根脚下田地，将乡村优秀传统文化的精神标识提炼出来、展示出来，以农民群众喜闻乐见的方式，开展具有乡土气息、农耕特质、地域特点

的活动，丰富村民精神文化生活。

3.边"破"边"立"，激浊扬清。九龙坡区十分注重在村民的理念和日常行为方面进行引导。各文明实践站边"破"边"立"，破陈规陋习，立文明新风。将反对铺张浪费、反对婚丧大操大办、抵制封建迷信作为精神文明实践的重要内容。在具体做法上，发挥红白理事会、村规民约的积极作用，在传统礼俗与陈规陋习之间划出一条线，通过党员干部在当地严格的带头示范，形成遵守村规民约光荣，违反村规民约可耻的良好风气。

4.体察民情，抓牢民生。九龙坡区以问题为导向，体察民情、抓牢民生，瞄准乡村产业扶持这一基础性目标，召集致富能手、本土专家、产业带头人开设专家课堂、田间课堂、碧野学堂，常态化开展技能培训、技术交流、销售指导等实践活动，帮助村民提升农业技能与市场本领。村民们真切感受到党的话语就在耳边，党的关怀就在身边，无论自身境遇如何，他们都被纳入了社会主义大家庭。

5.物质转化，传承有序。九龙坡区将我们党一脉相承的精神追求和精神特质转化为有形的物质载体，作为时代的思想理念标识。在所辖的华岩镇建立了首个志愿服务主题公园，通过志愿服务雕塑、学雷锋文化长廊，以生动的形象与故事大力弘扬党和人民在各个历史时期奋斗中形成的伟大精神和光荣传统。

（二）促进城市社区居民间的情感交流与良性互动，共建和谐家园

一段时期以来，某些城市社区居民之间呈现出人情冷漠、情感疏离的状态，社区工作难以有效开展。针对此种现象，九龙坡区开始实行网上群众路线，根据实际的人口分布情况，打造了区、镇街

（部门）、网格、楼栋全覆盖的"五级圈群"信息通联体系。建立部门一级圈群183个，镇街一级圈群601个，辖区"网格群""楼栋群""业主群"上万个，覆盖全区总人口的70%以上。这些圈群在网络舆论引导、网络事务服务、网络文化组织、网情信息采集等方面，起到了重要作用。

1. 网上网下同频共振，先见人，再建群。为避免对远离信息技术、不熟悉信息技术的群众形成技术隔离，各镇街在建群之前，对楼群、社区进行了挨家挨户的走访，对孤寡老人、下岗职工等面临较大实际生活困难的群体进行了详细登记，并定期上门，及时了解其生活状况，传达重要通知，对其给予基层最大的支持和帮助。"群主"对群里成员的基本情况都较为了解，避免"只知道网名，不知道真名"。

2. 提升社区群众参与文化活动的积极性，由"要我来"变为"我要来"。九龙坡区针对每个社区住户的年龄特点、职业特征、文化程度，有针对性地开展各类文化活动、公益讲座。同时，以社区文化的普及和深化作为切入点，以社区道德规范的提倡和养成为支撑点，通过文艺节目，将社会主义核心价值观转化为群众的人生观与行为方式，塑造健康向上的社区氛围。

3. 社区恳谈会，打破隔阂，加强信任，先"拔草"，再"种花"。九龙坡区是老工业基地，一些社区由于历史遗留问题，社区居民之间隔阂日渐加深，情感冷漠、互不信任。为改变这种情况，九龙坡区以新时代文明实践为抓手，在这些社区多次组织召开恳谈会，由社区工作人员主持。在会上，大家充分表达自己的意见，辨是非、讲道理，弄清问题症结，对症下药。在会下，小区设置文明实践志愿小队，负责协助处理小区公共事务、协调解决小区居民间的纠纷、组织小区文艺活动开展、动员号召居民参与公益事业，这一做法收到了良好成效：社区人际关系亲近、交往融洽，逐渐由地缘共同体转变为情感共同体。

（三）注重社会心理建设，在暂时无法调整利益结构的情况下，着眼实际困难的解决与心理疏导

现阶段的许多问题属于结构性矛盾，是发展过程中必然会出现的，避不开也绕不过，然而这些矛盾所带来的不良影响，却可以通过一些途径解决。如，针对人们生活节奏快、工作压力大、焦虑感强的情况，九龙坡区开通"贺大姐聊天室"网上"话"疗服务、"小蕾花开"心理工作室，在新时代文明实践站等场所也普遍设立心理咨询工作室，为社区群众提供心理健康服务，及时疏导百姓心理压力。同时，开展"萍姐爱心送"等志愿帮扶项目，及时解决群众的急事、难事，并进行家庭危机干预。各文明实践站经常推出具有正面心态培育与心理建设方面的活动，如针对亲子关系、工作压力、调节情绪等方面聘请专家在社区开展讲座、微课堂，在尽量解决群众实际困难的同时，培育良好的社会心态。

（四）在不同层面探索新路径，充分运用文明实践阵地减少消极因素可能引发的社会敏感事件

新时代文明实践是一项全新的课题，九龙坡区结合自身的实际情况，在不同层面探索开展这项工作的新路径。依托当地新时代文明实践站，社区为流动儿童、独居老人、失独家庭、退伍军人等建立了较为详细的档案，社区与街道工作人员会定期上门访问，家中无人时也会进行电话联系。在公租房社区，为帮助无法外出工作的

居民解决就业问题，当地文明实践所与爱心企业签订协议，在社区引进零部件组装业务，上岗者只需进行3—5天的岗前培训，很快就能上手，每人每月增收1000—4000元不等，受到当地居民热烈欢迎。同时，依托新时代文明实践工作，辖区内2个重大城市改造的征收拆迁项目如期完成动迁，在此期间，未发生一起因拆迁而发生的上访、举报事件。

（五）实行新时代文明实践特别突击队机制，为及时应对重大疫情、灾情、险情提供保障

实行新时代文明实践特别突击队机制，能保证在较短时间内迅速集结，在专业人员带领下，于抢险救灾等重大紧急社会公共性事务中发挥重要作用。抗击新冠疫情期间，该突击队召集8000余名志愿者开展入户走访、结对帮扶、疫情排查、卡点值守、消毒消杀等疫情防控工作；出动"抗疫"志愿宣传车队，3567台次流动宣传车成为流动宣传点。在2020年8月，面对形势一度十分严峻的历史罕见洪峰过境，文明实践突击队迅速成立由7名专职队员组成的应急救援队伍，发动300余名党员志愿者，参与防汛救灾，并妥善安置受影响的85户151人。各新时代文明实践站还探索基层党组织与物业联盟协同工作，为应对重大突发情况打下坚实基础。

（六）严格管理和关心爱护基层干部，完善党内帮扶办法，对一线干部予以激励关怀

基层干部工作任务繁重，新时代文明实践又是全新的工作，在探索中难以避免会出现一些问题，如果遇到问题不听解释一味追责问责，会使他们背负很大的心理压力。九龙坡区在科学考核评价、规范

问责制度、加大激励关怀、建立权责对等的基层治理体系等深层次问题上加快破题，使他们卸掉包袱，轻装上阵。同时，尽量压减文件、精简会议，合并工作例会和各类专题会，激励基层干部担当作为。

二、经验与启示

实践证明，九龙坡区新时代文明实践工作效果显著，其经验也揭示出中国共产党在新的历史条件下，在推进中国式现代化的过程中，宣传思想工作的一些规律与特征，值得进一步总结与提炼。

（一）"学会"议题转换，变不利因素为治理效能，防范风险于未然

以新时代文明实践工作为抓手，在工作中实现基层议题的识别与转换，将可能引起、触发社会矛盾的议题转化为群众协同参与的社会治理议题。将更多资源、管理和服务下沉到基层的同时，通过激活社会治理的基层细胞，提升对各类风险预警防范、源头化解的能力，从根本上防止具体问题演变为政治问题、局部问题演变成全局性事件。

（二）充分运用群众工作方法，以问题为导向，构建文明实践大格局

党在基层的宣传工作并不简单依赖于专门机关展开，而是运用群众工作方法，将宣教充分蕴含于基层治理网络中，实现部门联建、所站共建、社会同建的文明实践大格局。新时代文明实践不仅要遵循中国共产党宣传工作的基本准则，还要与政府的中心工作相结合，

与社会治理的点线面相结合，构建多层次、立体式、高密度宣传模式，在统筹推进文明实践工作的同时，做到因事而化、因时而进、因势而新。

（三）激发群众内生动力，逐步培养基层"平战结合"的自治能力

群众既是宣传教育的对象，更是开展新时代文明实践的主体。九龙坡区的经验是通过党建引领将一些日常事务交给群众自己来处理，在过程中提升群众自我管理、自我教育、自我服务的能力。通过对中国特色社会主义志愿服务精神的挖掘与发扬，逐步完善应急状态下基层组织动员、快速响应、激励保障等机制，不断提升基层专业素养和应对突发事件的实战水平。

（四）将志愿服务事业由"推动事"拓展为"调动人"

相较于"解决问题"的功能，九龙坡区更加重视志愿服务行为本身对群众的宣教功能与凝聚功能。在总体设计上，九龙坡区并未将新时代文明实践中心作为纯粹供给志愿服务与技术的机构，而是充分发挥志愿服务的宣教功能，不断将其精神、理念、行为、社会效果以多种形式"呈现"给群众，使群众在"接收"的同时，产生对基层社会建设的思考与共鸣，不断在人民群众中累积价值共识、情感共识与制度共识，激活基层群众在参与公共事务中的积极性、主动性与创造性，将志愿服务的境界由"推动事"拓展为"调动人"。

（五）打铁还需自身硬，先"谋"己再"谋"人

九龙坡区十分重视一线工作人员来自基层的反馈，善于在具体

事务中总结、深化对新时代文明实践工作的规律性认识。同时，强化自身的底线思维与问题意识，在关键处、在要害处下功夫，打牢对上负责与对下负责相统一的思想基础。

三、工作建议

九龙坡区的实践，展现出中国共产党在新时代宣传思想工作一定的规律与特征，建议进一步提炼与升华，使其成为新时代中国之治在基层的重要经验。现结合我们的调研情况，对新时代文明实践工作提出如下建议。

（一）机制设计上要防止过于偏向痕迹管理而导致实质性工作遭受损耗

基层社会不仅具有巨大的区域差异性，其事务还呈现出高度分散、细小琐碎、偶然性较强、重复性较差且不规范的特点，这就使得单靠科层制本身的运转逻辑很难应对基层事务。新时代文明实践工作在机制设置上，要避免繁杂的制度程序对基层工作人员不必要的制约和控制，防止文明实践的实质性工作在繁琐程序与频繁考评中遭受损耗。

（二）警惕技术运用可能带来的新型"形式主义"

人工智能、互联网、大数据等现代信息技术手段都将逐渐运用于基层治理，而在经历高科技所带来的便捷的同时，应避免技术性治理可能带来的弊端。如对一些远离信息技术、不熟悉信息技术的群众形成信息孤岛、技术排除；或是将千差万别的社会事实强行统一到单一的技术识别框架中而忽视了其中包含的重要治理信息，造成新的形式主义。在新时代文明实践工作开展过程中，不能将凝聚群众、引导群众完全转变为模式化、程式性的技术手段。

（三）善于利用村庄的熟人社会秩序结构开展文明实践

在乡村中，要从当地村民间互动的经验逻辑入手，探索乡村社会整合的有效机制，改善村庄社会排斥现象，形塑村民间互助合作关系，强化村民个体与村社集体间的内在关联。尤其要特别注意利用村庄的熟人社会秩序结构，如开展乡贤会、道德评议会、邻里守望等活动，以村规民约为主要的制度形式，健全奖惩机制，不断提升群众思想觉悟与道德水准，以人的文明激活乡村善治源头，为乡村振兴铸魂。

（四）用新时代文明实践引领基层政法工作，提升基层治安水平与国家安全意识

九龙坡区将"平安"作为新时代文明实践的一项重要工作目标并取得良好成效，如，设立村（居）法治文化长廊；深入开展"扫黑除恶"专项斗争；启动"雪亮工程"，为公租房小区安装公共安全食品监控联网应用系统；通过以案说法、以案释法等形式开展"七五"普法教育等。可以将这一实践路径升华，用新时代文明实践引领基层政法工作，提升基层治安水平与国家安全意识。在具体做法上，建议开展与国家安全相关的专项普法活动，推进总体国家安全观在群众中扎根。

推荐单位：重庆市政研会

作   者：姚梅洁   马岱良

构建新时代国有企业
"三全"思想政治工作格局研究

　　思想政治工作是党的优良传统、鲜明特色和突出政治优势，是一切工作的生命线。在中国共产党成立 100 周年之际，中共中央、国务院印发了《关于新时代加强和改进思想政治工作的意见》(以下简称《意见》)，明确提出"要构建共同推进思想政治工作的大格局"。新时代，国有企业思想政治工作在服务国家战略、推动经济发展、促进科技进步等方面作出了历史性贡献。为适应新形势新变化，如何构建新时代国有企业思想政治工作大格局，进一步发扬思想政治工作优势，是国有企业始终需要重点关注和着力解决好的重大课题。

一、新时代国有企业思想政治工作大格局的内涵与特点

(一) 新时代国有企业思想政治工作大格局的内涵

　　1. 大视野。站在中华民族伟大复兴战略全局和世界百年未有之

大变局的高度，置于历史时空的大尺度，以更开阔的视野和更开放的思维，牢固树立"思想政治工作人人抓"的意识，改变过去思想政治工作"单打独斗"的现象。确立思想政治与业务工作"双融双促"理念，摒弃思想政治工作是"副业"或"越位"的片面了解，不断推进思想政治工作因事而化、因时而进、因势而新，持续提升思想政治工作的质量和效果。

2.大机制。有健全的思想政治工作领导体制和工作机制，形成党组织、党务工作者、全体党员、行政部门、群团组织共同参与的思想政治工作良好生态，通过优势互补、整体联动，将思想政治工作成效真正体现在党员先锋模范作用充分发挥上，体现在科研生产工作水平的提高上。

3.大平台。通过构建培训大平台，用好文化设施和阵地，运用各类党员教育培训基地等载体，提高各级各类人员的能力水平。通过构建活动激励大平台，强化宣传传播，全力争创思想政治工作示范点、示范党支部等，进一步激发广大党员职工干事创业的工作热情。

（二）新时代国有企业思想政治工作大格局的特点

1.主体多元协作。主体由单一走向多元是国企思想政治工作的重要特征。构建思想政治工作大格局是国企全体干部职工的共同责任，党政工团方方面面都应积极参与。强化思想政治工作主体意识，提高政治站位，强化责任担当，汇聚职工智慧，激发工作热情，形成职责明确、齐抓共管、人人参与、齐心同心的良好局面。

2.时间贯通衔接。思想政治工作时间是思想政治工作存在的基本形式，也是影响思想政治工作过程各要素各环节持续性的总称。

思想政治工作大格局从全过程角度，不断优化思想政治工作的时间范围，持续提升思想政治工作的质量和效果。坚持以人民为中心的发展思想，从时间序列规划开展思想政治工作，将思想政治工作融入广大干部职工成长、发展全过程，不断提高广大干部职工的思想政治素质。

3.空间协同开放。传统国企思想政治工作是简单的线性平面结构，思想政治工作空间结构比较固定和有限。与此不同，新时代国企思想政治工作大格局充分调动各类积极因素，不断调整优化思想政治工作空间，提升各要素配置的"增量"。以开放理念和全域思维，将思想政治工作贯穿文化建设、宣传工作等各方面各环节，推动新时代思想政治工作由单一向立体多面空间结构转型升级。

二、构建新时代国有企业思想政治工作大格局面临的现实问题

（一）全员化思想政治工作整体合力不足

1.统筹意识有待加强。有的国企没有牢固树立"一盘棋"思想，对构建思想政治工作大格局统筹规划不够，思想政治工作与科技创新、型号研制等工作缺乏协同性，没有形成全员思想政治工作氛围。

2.机构设置不够健全。有的国企未建立"大思政"领导机构，相关部门责任不够明确，党群部门之间协调沟通不够顺畅，还没有形成各方共同参与、齐抓共管的良好工作局面。

3.激励问责机制不够完善。有的国企尚未构建一套科学完善

的思想政治工作大格局动力激励机制、考核评价机制，考核评价指标体系不够明确，考核流于形式，很难调动广大职工的积极性和主动性。

（二）全过程思想政治工作有效衔接不畅

1. 思想政治工作缺乏连续性。有的国企对广大职工的成长规律掌握不全面，从全过程角度谋划推进思想政治工作不足，对新入职职工的思想政治工作抓得较紧、对临退休职工思想政治工作关注不够，致使职工不同发展阶段衔接不到位，全过程思想政治工作优势有待提升。

2. 思想政治工作缺乏长期性。有的国企开展思想政治工作片面强调短期行为，忽视长期目标，组织轰轰烈烈的短期思想政治活动多，开展长期性的思想政治活动相对少，表面有声有色，实际效果并不明显。

（三）全方位思想政治工作协同联动不够

1. 线上线下教育缺乏有效联动。有的国企开展思想政治工作仍以形势动员、上党课等传统方式为主，运用互联网优势开展思想政治工作不充分，线上线下还不能形成有效联动，难以做到思想政治工作空间全覆盖。

2. 文化宣传资源缺乏有效整合。有的国企文化资源分散，文化阵地和队伍建设缺乏协同发展，文化资源优势发挥不充分。有的国企宣传资源缺乏，联合策划少、联动宣传少，宣传工作的"孤立化""形式化"等问题仍然存在，离构建高效的"大宣传"工作格局还有差距。

三、中国航空制造技术研究院"三全"思想政治工作大格局的探索实践

课题组在开展课题研究的同时，结合中国航空制造技术研究院（以下简称"制造院"）实际，坚持系统思维，针对性开展实践探索和方法验证，构建了"三全"（全员、全程、全域）思想政治工作模式，推动新时代思想政治工作守正创新发展。

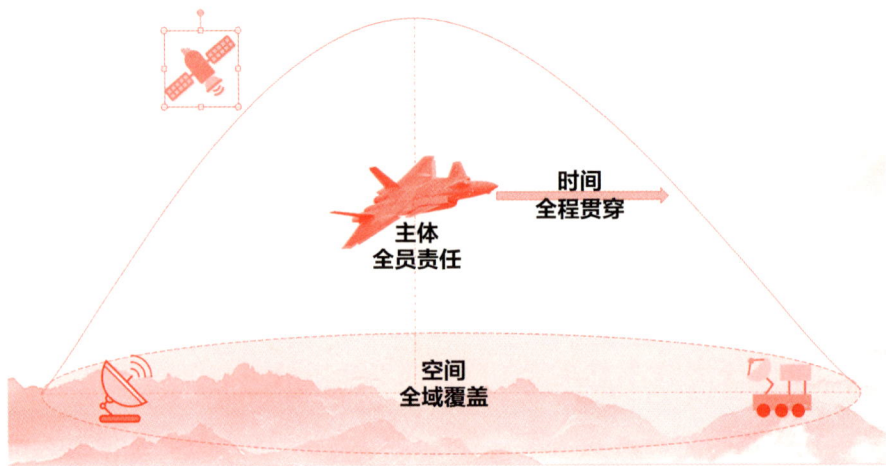

图 1　"三全"思想政治工作模式

（一）落实全员责任，实现思想政治工作主体全覆盖

1.构建"大思政"工作网络。认真落实党委抓思想政治工作主体责任，树立"一盘棋"理念，将党组织建设、干部人才、纪检等工作职能与思想政治工作职能有机整合，切实做到各项工作统一规划、统一部署、统一行动。成立思想政治工作研究会，制订加强和改进思想政治工作实施方案，明确落实思想政治工作主要任务、责

任部门，提出 5 个方面 20 余条工作措施，确保思想政治工作与业务工作同研究、同部署、同检查、同考核。

2. 确立"全参与"工作机制。完善党委统一领导联动机制，党委书记亲自挂帅，把思想政治工作同党的建设、科研生产等工作有机融合，形成党组织"领衔主演"、行政干部"同台合唱"、宣传部门组织协调、有关部门分工负责、群团组织积极参与的工作局面。建立队伍协调机制，配齐配强以党建、宣传等为主体的思想政治工作骨干队伍，优化以党员干部、先进典型等为主体的兼职工作队伍，形成思想政治工作"个个上心、人人上手"的生动局面。构建科学考核评价机制，将思想政治考评结果纳入全面从严治党主体责任监督检查、党组织书记述评考等内容，切实把思想政治工作"软指标"变成"硬约束"。

3. 构建"协同性"共建格局。坚持把思想政治工作贯穿业务工作始终，与主机厂所开展党建共建，推动思想政治工作与业务工作"双融双促"。创新共建组织体系，以"组织共建、型号共建、人才共建、资源共享"为目标，通过确定共建主题、签订共建协议，促进共建活动制度化、规范化。创新共建协同机制，开展"五学联动"（共建共学、集体研学、走学跟学、典型带学、党员互学）、"我为型号立功"承诺践诺、总师讲堂等活动，使思想政治工作与业务工作融为一体。创新载体内容，针对科研型号任务重点，全面掌握科研型号人员思想动态，开展突击队授旗、党员宣誓等主题活动，出色完成产品研制与配套交付任务。

（二）强化全程贯穿，实现思想政治工作时段全覆盖

1. 抓准思想政治工作时机。以"灯塔引航专项行动"为抓手，有效利用五一、国庆节等契机，广泛开展爱国主义教育实践活动，

定期开展升国旗、唱国歌等庆祝活动，大力弘扬"航空报国"精神。结合庆祝建党 100 周年、新中国航空事业发展 70 周年，大力加强党史、新中国史、改革开放史和社会主义发展史学习教育，以"七个一、五看齐"系列活动为抓手，把党史课堂"搬"到生产一线、"搬"到职工身边，深入开展红色故事诵读、情境沙盘模拟等活动，激发干部职工爱党爱国爱社会主义的巨大热情。

2. 把握思想政治工作时势。紧紧把握时势脉动，应势而动，顺势而为，使思想政治工作跟上时代发展步伐。建立形势政策报告机制，结合改革发展等重大战略部署，通过邀请领导上讲台、到基层宣讲等形式，分层次、全过程开展形势任务教育活动，推动全员思想统一、步调一致。针对繁重的科研生产任务形势，开展"价值创造百日大讨论"活动，全院梳理岗位价值创造点 150 余项，凝练堵点难点问题 460 项，征集典型案例近 70 项，全员团结一致、共谋发展的氛围日趋浓厚。针对 2022 年严峻的疫情防控形势，深入细致开展思想政治工作，策划实施"一书四信三调研"，守住重要型号产品交付节点，让党旗在攻坚一线高高飘扬，相关案例在《思想政治工作研究》杂志刊登。

3. 注重思想政治工作时序。以"健康守卫"专项行动、"青年塑型"专项行动为抓手，建立从"新入职"到"退休前"全过程思想政治工作引导链，使思想政治工作更有情感、更有温度、更有力量。针对新入职职工思维活跃特点，开展"四个一"培训活动，扣好职业生涯"第一粒扣子"。针对青年职工需求，建立多渠道倾听心声交流机制，定期开展单身联谊、青年职工座谈会等活动，汇聚强大合力。针对中年职工压力较大现状，组织生活救助、职业培训等活动，解除职工后顾之忧。开展临退休职工思想政治工作，组织心理健康教育和社会适应教育，做到"一人一事"定点疏导，增强航空报国、航空强国的凝聚力和战斗力。

（三）强化全域覆盖，实现思想政治工作空间全覆盖

1. 打造新型文化空间。开展"文明创建"专项行动，丰富文化空间建设内容，充分展现单位良好形象。打造新型文化空间，重点做好办公环境、厂房环境、生活环境、班组环境等"四大文化环境"建设，确保文化环境建设全覆盖。建立"一廊、一家、一墙、一区"，即文化走廊、职工小家、文化墙、健身区，植入社会主义核心价值观，最大限度发挥文化建设的服务和引导功能。推动文化建设融入日常管理，把科技创新、高质量发展等理念深度融合到各项制度，根植于心，以文化融合发挥"1+1>2"的组合效应。

2. 建设网络交互空间。深入实施"智慧党建"专项行动，充分利用"学习强国"等网络平台，增强时代感和吸引力。大力推进"一事一议"微教育，利用微视频等新媒体形式，让劳动模范、优秀共产党员现身说理，真正把大道理转化为身边小故事。构建常态化心理教育引导机制，通过在网上与职工沟通交流和心理咨询，有效解决思想认识和心理问题，真正让网络阵地成为呵护广大职工心灵的"多面手"。

3. 拓展宣传教育空间。开展"融媒矩阵"专项行动，发挥"大宣传"舆论引导作用，统筹"四宣联动"，积极发声，打好主动仗。理论宣传更有活力，全面推广"理论＋"宣讲模式，广泛开展学习党的二十大等宣讲活动，让党的创新理论"飞入寻常职工家"。内部宣传有声有色，提炼型号文化理念，营造"打赢型号研制攻坚战"良好氛围。对外宣传亮点纷呈，精心策划"全自动口罩生产机"外宣活动，短时间阅读次数达 1.5 亿，彰显"召之能来、来

之能战、战之能胜"的责任担当。典型宣传扎实有效,讲述洋溢新时代气息先进典型故事,提升思想政治工作的吸引力和实效性。

四、构建新时代国有企业思想政治工作大格局取得的效果

(一)竞争优势逐步稳固

构建思想政治工作大格局,推进思想政治与业务工作"双融双促",握指成拳、同向发力,保军强军能力全面加强,经济运行质量大幅提升,经营管理能力持续增强,打赢疫情防控和科研生产"双线战",经营业绩考核排名在集团逐年提升,使思想政治对业务工作起到真正的促进作用。

(二)创新能力不断增强

主动服务国家战略需要,把思想政治工作融入创新管理,深化科研"放管服"改革,探索以项目负责人为核心的科研组织管理模式,倡导自由开放的科研工作氛围,科技创新根基逐步牢固夯实,突破低应力无变形焊接技术,研制出高性能复合材料等国际领先技术,有效推动科研生产任务圆满完成。

(三)品牌形象明显提升

构建思想政治工作大格局,以增强思想政治价值创造为目标,取得了丰硕成果。院班子获集团 2022 年"优秀领导班子"称号。院本部 106 室党支部被国资委授予"中央企业先进基层党组织"荣

誉称号。专题片《从沉浸开始》代表集团参与国资委"央企品牌故事"评选，《我和我的祖国》快闪视频被上级媒体转载，充分展示了改革发展风貌及全体干部职工团结拼搏的干劲和风采。

五、构建新时代国有企业思想政治工作大格局的思考和启示

（一）构建新时代国企思想政治工作大格局，必须坚持党的领导

构建思想政治工作大格局，必须坚持和加强党的全面领导，充分发挥党的集中统一领导优势，将党的领导覆盖国企思想政治工作各领域、贯穿全过程，进一步调动广大党员职工的积极性，凝聚起推进高质量发展的磅礴力量。

（二）构建新时代国企思想政治工作大格局，必须树立系统观念

构建思想政治工作大格局，需要牢固树立系统观念，强化正向牵引，充分发挥协同效应，做到一体化机制构建、一体化资源保障、一体化平台支持、一体化评价考核，着力解决既往存在的"脱节""孤岛"等现象，形成推进国企思想政治工作的强大合力。

（三）构建新时代国企思想政治工作大格局，必须发扬创新精神

构建思想政治工作大格局面临大量新情况、新问题，要求思想

政治工作不断改革创新，决不能墨守成规、故步自封。要跟上时代发展的步伐，坚持因地、因人、因事、因时开展思想政治工作，不断提出真正解决问题的新理念、新思路、新机制、新办法，切实将思想政治工作成效转化为高质量发展的内生动力。

（四）构建新时代国企思想政治工作大格局，必须坚持人民至上

构建国企思想政治工作大格局，必须从实际问题出发，把解决思想问题同解决实际问题结合起来，既要用社会主义核心价值观教育引导广大干部职工，又要坚持全心全意依靠工人阶级的基本方针，用心用情用力解决好广大职工的急难愁盼问题，让广大职工共享改革发展成果。

（五）构建新时代国企思想政治工作大格局，必须紧扣改革发展

构建思想政治工作大格局，必须明确工作定位，正确认识和把握推进思想政治工作与国企改革发展的关系，将思想政治工作融入改革发展全过程、渗透到各环节，为改革发展提供有力的思想保证。

推荐单位：中国航空工业政研会

作　　者：张亚平　顾元亮　邵　杰

国有企业先进精神培育研究

国有企业是党一手缔造的，在为党和国家事业发展建立卓越功勋的同时，也孕育锻造了一系列国有企业先进精神。培育国有企业先进精神是国有企业各级党组织的重要职责，更是贯彻落实习近平总书记对国有企业重要指示批示精神的自觉行动。

一、国有企业先进精神的重要意义

（一）国有企业应培育塑造更多先进精神

在第一批纳入中国共产党人精神谱系的伟大精神中，包含着"两路"精神、"两弹一星"精神、大庆精神、铁人精神、载人航天精神、青藏铁路精神、新时代北斗精神、载人深潜精神、探月精神等国有企业先进精神。国有企业应在此基础上，培育塑造更多先进精神，更好地丰富中国共产党人的精神谱系。

（二）国有企业在中华民族伟大复兴征程中践行使命需要与之匹配的精神气质

在中华民族伟大复兴的征程中，面对准备经受"风高浪急"甚至"惊涛骇浪"的重大考验，国有企业作为我们党执政兴国的重要支柱和依靠力量，必须通过培育先进精神，凝聚起产业兴国、实业报国精气神，在中华民族伟大复兴征程中更好践行初心使命。

（三）国有企业先进精神的培育迫切需要在总结经验的基础上进行系统性提升

当前，国有企业先进精神培育取得明显成效，但还缺少系统性的提炼挖掘，缺乏有深度的理论研究。因此，结合党中央相关要求，立足中国船舶集团先进精神培育的实践探索，进行系统总结，形成理论化、规律性认识就显得尤为重要。

二、国有企业先进精神的历史渊源与发展

（一）国有企业先进精神的内涵及特征

国有企业先进精神是在党的领导下，以振兴我国民族产业为使命，以提升我国国有企业竞争力为目标，以激发广大职工积极性、主动性、创造性为核心，在继承和发扬我国国有企业优良传统及其宝贵精神财富基础上，为实现中华民族伟大复兴的中国梦，在为国家和人民创造巨大物质财富和精神财富的过程中培育和形成的崇高理想、优良作风、先进思想、坚定信念、工作态度及其展现出的整

体精神风貌。总结起来，国有企业先进精神具有以下特征：

一是具有鲜明的政治性。国有企业是在党的领导下创建的，是我们党执政兴国的重要支柱。因此，国有企业先进精神一定具有姓党为民、矢志报国的政治本色。二是具有鲜明的民族性。国有企业先进精神的内涵，包含爱国、勤劳、自立、勇敢等与中华民族特征一致的主要内容，因此，先进精神必然根植于中华民族传统文化，是对中华民族精神的继承和弘扬。三是具有鲜明的时代性。国有企业先进精神的内涵，包含科学、创新、求实等内容，这与以改革创新、追求卓越为核心的时代精神一致。这种时代性指引国企人与时俱进，在求变求新中破难题、解新题。四是具有鲜明的实践性。精神源于实践，实践孕育精神。没有一代代国企人奋斗实践，就没有国有企业先进精神。

（二）国有企业先进精神发展的历史渊源

1. 国有企业先进精神发轫于社会主义建设时期。在这段艰辛历程中，涌现出一批英雄楷模，孕育形成了"两路"精神、大庆精神、铁人精神、"两弹一星"精神等先进精神，有力激励国有企业为实现中华民族站起来的伟大飞跃作出重要贡献。

2. 国有企业先进精神发展于改革开放时期。国有企业勇立改革开放潮头，不断从计划走向市场、从国内走向国外，在重要行业和关键领域的控制力、影响力不断增强。先进精神也在不断孕育、发展和积淀，逐步形成了载人航天精神、青藏铁路精神等，有力激励国有企业为实现中华民族富起来的伟大飞跃作出重要贡献。

3. 国有企业先进精神升华于新时代。在新的历史起点上，一批批企业走出国门、建成大批海外超级工程；一批批企业加快转型、高端产业发展不断取得突破。特别是在党领导的历次重大斗争、突发事件处置中，国有企业冲锋在前、敢战能胜，铸就了新时代北斗精神、探月精神、载人深潜精神等。这些先进精神激励着国有企业为实现中华民族强起来的伟大飞跃作出重要贡献。

（三）国有企业先进精神培育应与企业文化建设融合发力

国有企业先进精神与企业文化建设相比，站位更高、范畴更广。国有企业的企业文化建设包含于先进精神培育之中，统一于国有企业先进精神培育的大框架下。进入新时代，推动国有企业先进精神的培育，不仅是在推动企业文化建设，更是在推动丰富中国共产党人精神谱系、赓续红色血脉，推动国有企业更好履行党赋予的使命职责。

三、国有企业先进精神培育理论模型的构建

（一）国有企业先进精神培育相关重要概念

本课题认为，在一个组织的发展进程中，主要有 3 种力量发挥作用：一是终极追求。终极追求宣示组织的使命和方向，是归正行为方向、凝聚全体成员、壮大组织规模、产生行动力量的根源，是组织旗帜的"底色"，发挥对组织的牵引作用。二是核心价值观。核心价值观是在终极追求引导下，由组织全体成员确立的律己、处世、做事等方面的总体原则，发挥对组织的约束和导引作用。三是行为信条。行为信条是对核心价值观的具体化、行为化承接，发挥对组织的示范和激发作用。

终极追求在先进精神培育中居于统领地位，通过目标方向的引领，作用于核心价值观、行为信条。核心价值观通过价值引领，作用于行为信条，引领组织成员付诸实践行动。在上述这个链条中，从终极追求到核心价值观，再到行为信条，就是国有企业先进精神培育链条的顶层部分（见图1）。

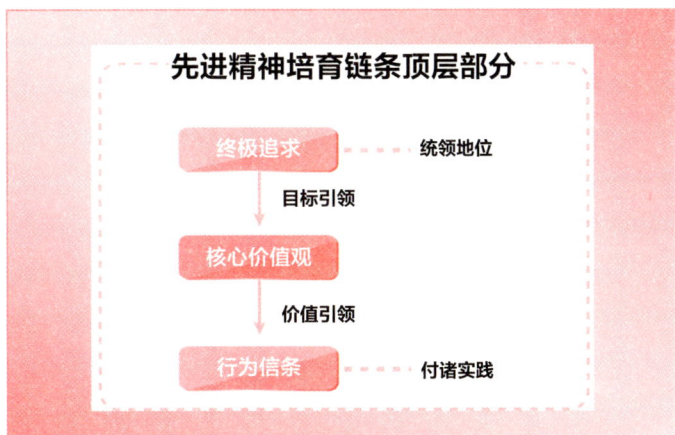

图1　国有企业先进精神培育链条顶层部分示意图

基于上述关于先进精神产生机理的分析，结合工作实践，本课题总结出国有企业先进精神包含两层结构：一是概念化的核心精神。二是系列化的精神标杆。

1.核心精神是由国有企业党组织依据企业终极追求，向党员干部和广大职工群众提出的关于思想状态、工作作风、精神面貌的期待转化为企业上下共同的内心态度、意志品质和思想境界，并最终达成员工主动为企业终极追求竭力奉献的状态。

2.精神标杆是对核心精神的故事化、形象化演绎，它使核心精神与具体行为产生关联，让核心精神获得"温度"和"质感"。精神标杆通常来自国有企业真实的实践故事，是组织或个别团队、个别成员在其实践过程中，用其极具典型性的行为和精神状态践行使命和追求后，被提炼而成的优秀"样板"。

3. 系列先进精神是国有企业在发展中不断丰富，形成的核心精神以及各个精神标杆的汇总。每一个精神标杆对核心精神的承载都是有限的，而丰富的先进精神就使得核心精神得以全面呈现。

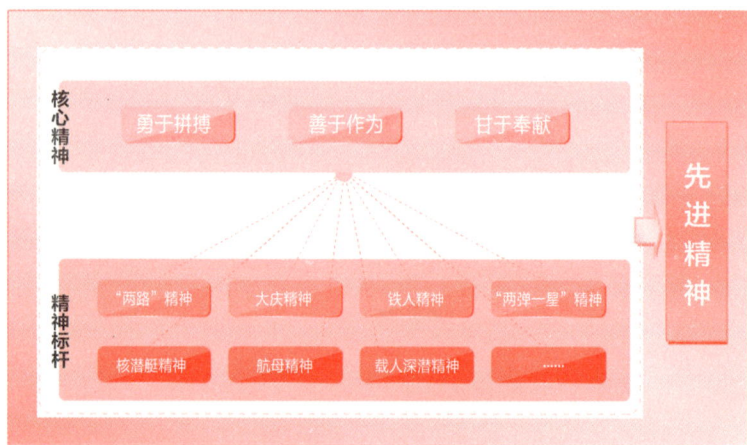

图 2　中央企业系列先进精神示意图

（二）国有企业先进精神产生及培育的机理

1. 国有企业先进精神产生的机理。党中央对国有企业赋予的履行政治责任、经济责任和社会责任是国有企业的"终极追求"。各国有企业结合自身发展战略和生产经营实际，将其具体化为符合各自企业文化特点的"核心价值观"。国有企业党员干部和职工群众结合自身工作实际和岗位特点，将"核心价值观"内化为"行为信条"，实现思想认识上的"第一次飞跃"。在实际工作中，严格遵守、充分践行"行为信条"，其中，特别优秀、极具示范性的行为实践被总结出来，上升为"精神标杆"，同时也展现出具有共通性、一

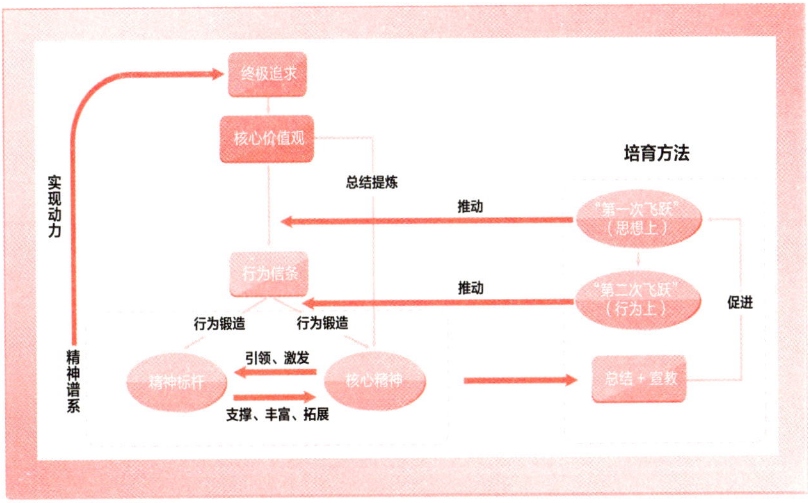

图3 国有企业先进精神产生和培育机理示意图

般性的"核心精神"，这是一个从行为到精神的"行为锻造"过程，也实现了行为上的"第二次飞跃"。

构成系列先进精神的"核心精神"与"精神标杆"相互依托、相互支撑。一方面，"核心精神"对培育"精神标杆"起到引领和激发作用；另一方面，一个个"精神标杆"可以支撑、丰富、拓展"核心精神"。由核心精神和精神标杆共同构成的系列先进精神，为国有企业实现终极追求提供不竭的精神动力。

2.国有企业先进精神培育的机理。国有企业先进精神培育，是在党组织领导下，各基层党组织和群团组织共同发力并带动全体员工，围绕先进精神产生的链条，推动实现"第一次飞跃"和"第二次飞跃"，并最终使先进精神可视化呈现、立体化传播的过程。

在促成"第一次飞跃"的过程中，党组织根据"核心价值观"，引导全员参与讨论，依据每个个体的工作实际、团队的发展经验，特别是那些已经被公认的精神标杆所蕴含的精神特质，形成"行为信条"。

在促成"第二次飞跃"的过程中，党组织通过宣传教育、开展实践活动，创新工作载体，引导员工在实际工作中全面践行"行为信条"。最后，再将党员干部和职工群众实践中展现出来的优秀作风、高尚品格进行系统总结提炼，形成"精神标杆"，并将"精神标杆"中的共同特质抽象概括为"核心精神"。同时，加大对"精神标杆"和"核心精神"的全面宣传、深入教育，反过来又促进"第一次飞跃"的实现。

四、国有企业先进精神培育的实践路径和举措

（一）培育国有企业先进精神，要在企业核心价值观转化为行为信条中，实现第一次飞跃

一是讲好让核心价值观带上温度的故事。中国船舶集团组织有关力量，广泛收集整理科学家故事，并注重收集相关文物，以期用"有温度"的具象物品诠释背后的抽象精神。同时，创新性建立了中国船舶科学家精神"云传播"的新模式，构建"微、端、网、馆"一体推进的全媒体矩阵，通过技术手段让听故事的人与故事中的人互动起来，树立可感、可知、可学的核心价值观。

二是选准让核心价值观生动起来的典型人物。中国船舶集团通过走访调研、基层推荐上报、活动评选选树、媒体宣传等多种方式，深入挖掘了隐姓埋名数十载的"共和国勋章"获得者黄旭华，在耄耋之年依然坚守第一线的"中国潜艇声呐奠基者"宫先仪等一批英模人物。同时，通过内外部媒体、报告会、宣讲会等方式，以先进典型感人事迹为载体大力宣传企业核心价值观。

三是用活让核心价值观情境化的礼仪仪式。中国船舶集团旗下

渤船集团将习近平总书记来厂作重要指示的日子确定为"兴装日"，每年这一天都围绕重大工程任务开展主力攻坚团队授旗仪式，签"军令状"，誓师出征。还有的企业设立"尚德四礼"——以"入职礼"引导新员工在入职之初摆正价值导向；以"拜师礼"明确师徒双方定位，尊师重教、教学相长；以"成长礼"见证员工成长，分享成长故事；以"退休礼"回顾员工职业生涯，肯定其工作价值，表达公司的美好祝福。

四是创作让核心价值观升华的文艺作品。中国船舶集团联合央视摄制电视剧《功勋——黄旭华的深潜》，生动展现"共和国勋章"背后的故事；旗下大船集团策划"我和我的祖国"大型主题快闪活动，在全球首艘智能 VLCC"凯征"轮甲板上，组织全国五一劳动奖章获得者、劳模群体以及 100 余名基层员工倾情献唱，激发员工爱国之情、报国之志。

五是办实让核心价值观直抵情感的实景课堂。中国船舶集团旗下江南造船在建党百年之际，由央企楷模洪刚带队，组织来自生产、设计、职能等部门的数十名青年骨干先后走进 5 个榜样站点体验"学党史、话初心、谈匠心"行走党课。劳模先进集体用质朴的语言讲述了立足岗位突破壁垒、通宵达旦倾力奉献的动人故事；青年骨干实地观摩了模范榜样全心投入邮轮薄板线生产、潜心钻研焊接自动化、耐心带教新员工的务实作风，并围绕深化职业生涯规划、提升岗位建功成效等主题与榜样面对面交流。

（二）培育国有企业先进精神，要在行为信条转化为系列先进精神中，实现第二次飞跃

1. 通过党组织带动全员锻造先进精神。一是坚持在重大任务、重要工程中锻造。中国船舶集团旗下第七一九研究所某重大工程临时党支部以党员为主体组建试航总队突击队,有的同志不分昼夜、排查解决技术问题;有的同志连续奋战近 30 小时,一口气完成了试验项目,保证了后续航次任务的顺利出航。"奋斗者"号总设计师叶聪在"蛟龙"号海试时现场加入了中国共产党,在潜水器每一次新的深度试验中,他总是要求第一个上,有任何危险让"我"来。

二是坚持在重大突发事件中锻造。在 2022 年上海新冠疫情中,中国船舶集团所属企业发现疫情后,企业党委发动各级干部进入战时状态迅速应对处置疫情,将生产管理体系迅速转变为疫情防控指挥体系,带领广大员工坚守岗位、日夜奋战,有效遏制了疫情蔓延。

三是坚持在日常点滴工作中锻造。中国船舶集团旗下江南造船成立"朱瑞霞劳模工作室""大件驳运、吊装创新工作室",搭建员工比学赶超、创新创效平台。中国船舶集团旗下外高桥造船推动完善工匠培育体系,制定造船工匠选树培育管理办法,激发全员立足岗位潜心钻研、创新进取打造精品。两年多来,该企业培育出国家级、省部级劳模工匠 30 余人,使"匠心文化"成为职工岗位建功的内生动力。

2.通过有效奖惩引导全员践行行为信条。一是实施行为正向激励。正向激励是在组织成员做出了符合价值观的行为后,得到有效及时的反馈、回报和鼓励。包括物质利益分配、组织内部晋升、颁发功勋荣誉;在特定场所展示事迹、举办特别仪式、享受组织内部某个专项权利等形式。中国船舶旗下江南造船连续举办 10 届"双十佳"评选活动,重点表彰在生产经营一线涌现出的业绩特别突出、事迹特别感人的个人和团队,并通过媒体宣传、颁奖典礼等方式,提升"双十佳"典型的荣誉感和成就感。

二是实施行为负向激励。负向激励，一般都依据严密、复杂的纪律条款，对组织成员做出的违背价值观的行为作对应的规劝、惩戒。中国船舶集团旗下多家企业除了在干部员工中强化考核应用，推进更好实现"能上能下、能进能出"以外，还在纪检、安全、质量、保密等方面严加要求，一旦发生一票否决事项，一个部门内负有管理责任、监督责任、直接责任的相关员工都会受到处罚，并取消部门评优资格，降低绩效考核分数。

（三）培育国有企业先进精神，要加强对先进精神的总结和宣教

一是在实践中发现"精神标杆"。国有企业党组织应发动党群和宣传思想队伍，通过实地走访、访谈、座谈等形式深入挖掘科研生产一线的闪光点，以及这些闪光点背后的内生动力、价值取向和精神气质，酝酿形成"精神标杆"雏形，再将雏形反馈到相关群体中征求意见，最终树立起"精神标杆"。中国船舶集团旗下某造船企业在建造海军某重要装备产品过程中，注重总结在项目攻坚过程中形成的闪光点，组织专门力量开展蹲点调研，"舰上"试航临时党委反复讨论，"舰下"参建部门多次座谈，邀请专家全程提供专业指导，在全员中征集精神口号，最终提炼形成以该项目命名的先进精神。

二是在标杆中总结"核心精神"。在形成"精神标杆"的基础上，需要通过进一步提炼总结，将"核心精神"萃取出来。中国船舶集团已经形成了以"核潜艇精神、航母精神、载人深潜精神"为代表的很多精神标杆。这些精神标杆的内涵不同、事迹各异，但通过梳理以及理念化、抽象化提炼，可以看出它们共同承载了"爱国奉献、自强不息、团结奋斗、求真务实、敢为人先、开放包容"的核心精神。

三是整合形成国有企业系列先进精神。国有企业系列先进精神是"核心精神"和"精神标杆"的体系化、系统化呈现。梳理国有企业系列先进精神的过程就是一个厘清"核心精神"与各"精神标杆"的体系框架，描述总的"核心精神"与分的"精神标杆"之间的逻辑关系、内在联系，进而推动整个先进精神及其要素可视化呈现，形成形象化传播产品的过程，对于培育和弘扬国企先进精神具有重要意义。

推荐单位：中国船舶政研会

作　　者：袁凯苏　杨文勇　王玮麟

当前高校网络思想政治教育研究报告

网络思想政治教育是思想政治教育的新形态。校园媒体和校园网络平台不只是信息发布、通知传达、结果公示的载体，而且是思想呈现、价值引航、精神主导的空间场域，已成为高校开展网络思想政治教育的主阵地、主渠道、主战场。

一、高校网络思想政治教育特征

（一）教育形式的灵活性，增强了高校网络思政教育的吸引力

首先，突破时空限制，拓展他育渠道。网络思政不同于传统思政工作单纯说教灌输的方式和自上而下的单一渠道，思政工作者打破时空局限，更加便利、高效而有针对性地对教育对象开展思政教育，大学生通过网络随时随地与思政工作者进行互动，表达个人意见并得到反馈。其次，参与形式多样，丰富自育路径。学生接触到

的网络信息量极大，获取信息资讯途径更加多样，网络传播的"去中心化"和匿名制特性，能为学生创造自由宽松的环境。如利用评论区发表意见，与学校等进行直接对话表达诉求，激发了学生的主体性，提高了学生参与热情，自觉接受思想洗礼。

（二）教育内容的开放性，拓宽了高校网络思政教育的生长点

首先，育人主体开放性。多元化时代推动形成高校主导、家庭参与、社会融合的协同育人新模式，融合校内外丰富的育人资源，为网络思政教育内容源源不断补充鲜活素材。其次，育人对象开放性。新时代大学生不再是思政教育的被动接受者，而是具有信息再生产能力的传播者。他们根据自己的理解对网络信息进行二次加工，生产出新的信息，并通过评论、转发等方式成为信息的次级传播者，这就打破了过去由学校思政部门对信息的垄断，展现学生的主体性和能动性。最后，育人平台开放性。网络打破了时间与空间的限制，使思政信息的传播渠道、传播方式、传播内容、传播速度发生巨大改变。通过网络平台，高校思政教育工作者及时获取大量新鲜资讯，与受教育者信息更加对称，缩小了沟通壁垒。教育者将新内容通过新的平台、渠道进行传播，形成线上线下的良性互动。

（三）教育手段的融合性，提升了高校网络思政教育的亲和力

首先，信息技术与思政教育资源融合。5G、大数据、云计算、区块链、人工智能等信息技术为优质思政资源传播带来了机遇，共享信息提高了思政资源使用效率。其次，新媒体与思政教育内容融合。调查显示，如果思政教育产品没有在短时间内吸引其注意力，他们往往会将其关闭。这就要求突出思政内容核心要点，提高传播文本的可

读性和易读性，遵循"节约一次按键"原则，使用最低限度数量的话语符号，将思政教育话语包裹在表情包、"网红"图像等潮流元素中，"活化"思政教育资源，构建网络思政话语新业态，将主流价值观内容借助短视频、流行网语、玩梗等新兴的传播方式进行传播。

（四）教育成效的辐射性，扩大了高校网络思政教育的参与性

首先，网络思政教育资源覆盖全体学生。思政教育者可以通过签到打卡的方式了解思政教育传播的覆盖程度，也可以通过在线答题、评论或弹幕、开发小程序、H5 小游戏、开展直播等方式提高教育对象覆盖面。其次，网络思想政治教育过程全覆盖。高校思政工作体系已形成理论武装、学科教学、日常教育、管理服务、安全稳定、队伍建设、评估督导 7 个子体系和课程、科研、实践、文化、网络、心理、管理、服务、资助、组织"十大"育人体系，形成全员育人、全方位育人、全过程育人的"三全育人"大思政格局。健全的思政工作体系为网络思政辐射过程提供全面支撑。最后，网络思想政治教育即时反馈速度快。高校网络思政工作的根本任务是立德树人，网络思政的成效体现在大学生的"爱国情、强国志"是否得到加强。与传统思政教育不同，网络思政教育可灵活以用户为切入点，通过对其效果产生影响的因素、机制和规律进行数据分析，进而改进网络思政措施。

二、高校网络思想政治教育体系耦合机理

在网络思想政治教育中，耦合就是网络思政的各要素在一定条件下，通过某种特定的方式结合在一起，从而表现出相互依存、相互促进的关系。

（一）高校网络思想政治教育要素的耦合分析

在高校网络思想政治教育体系中，内容供给、实践路径、平台阵地、育人资源、工作队伍、教育对象，这6个要素呈现出相互协同、联结、配合的关联关系，它们之间主动联结、相互协同、共同增效，是基于主体、对象、内容、途径、效果等层面的结构性的契合联结和协同呼应，具有明显的耦合互动关系。工作队伍和教育对象是网络思想政治教育的主体，内容供给是核心，实践路径、平台阵地、育人资源这3方面存在逻辑相关性，都通过内容供给这一渠道，连接工作队伍和教育对象这两端。如图1所示：

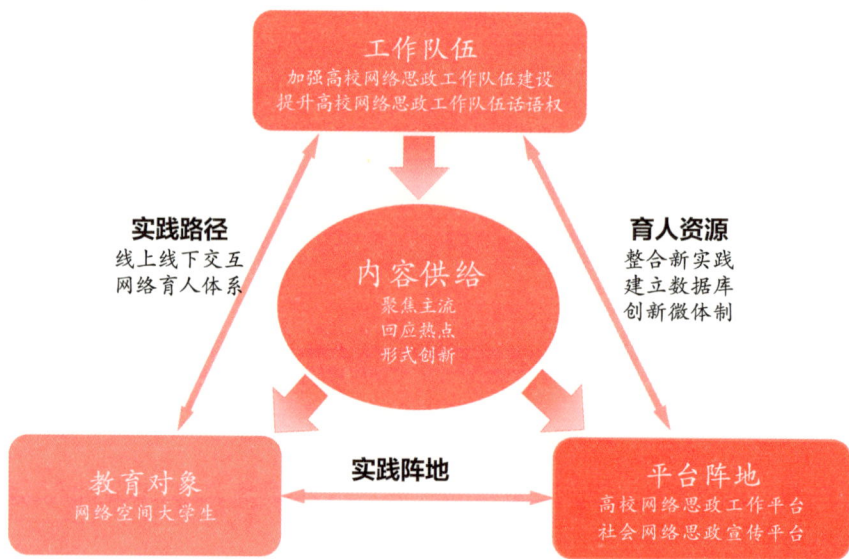

图1 高校网络思想政治教育体系耦合机制

高校网络思政教育体系是一个"大思政"工作格局，即思想政治教育的多主体参与、多形式呈现、多场域运作、多层面影响，是网络思想政治教育发展的实践要求，理论上耦合价值要素体系化，以建立完善的网络思政系统，实践上协同机制体系化和主体间协同行为自觉化，形成网络思政的合力，这要求提升主体协同意识和能力、搭建线上与线下相结合的协同大平台、创建保障机制等，呈现出协同配合的格局，强化网络育人的叠加效应。

（二）高校网络思想政治教育体系耦合机制

高校网络思政教育体系是基于主体、对象、内容、途径、效果5个层面的结构性的契合联结和协同呼应。

1.主体：思政教育者即教师。大学生思想政治教育不仅仅是专职辅导员等思政工作者的职责，同时也是每一名管理者、科研工作者、专任教师的重要职责。"思政育人"与"全员育人"就是主体层面的高度契合。

2.对象：受教育者即大学生。网络思政教育最大的思维变革是"用户思维"的确立，以用户体验、用户感受、用户评价为基本立足点，将教育对象进行更加精细划分，分众化传播让用户在信息时代冗杂庞大的信息洪流中形成了对传播主体的偏好，产生较强用户黏性，变成忠实粉丝。从传统的"我要传播什么"变为"你需要什么""你喜欢什么""你体验如何"，通过不同传播载体对受众进行"分众化"传播。网络思政教育根据对象的不同情况，选择不同的教育方法，才能取得更好的教育效果。

3.内容：传播主流意识形态。高质量的网络思政教育内容是实现立德树人目标的坚实基础。网络思政教育用文字、图像和声音等符号表达趣味、观点和思想，通过音视频等沉浸式、体验式、互动式的途径传递价值立场，塑造文化和身份认同，传播社会主义核心价值观、爱校荣校等价值观念。

4.途径：多元化与立体化。网络思政更加重视和支持主体与受众的"传播与互动"，实现单向传播向双向互动变革，是一种具有即时性、双向性的信息流动。高校教师对学生更多的是思想交流、情感沟通、人文关怀、心理疏导，更加强调交流与沟通，"诉说与倾听"成为基本工作方式。

5.效果：实现立德树人目标。思想政治工作本身具有"劝服"效应。高校网络思政教育通过信息传导、情绪感染、价值传播，让大学生摒弃片面认知、极端情绪，掌握更加全面的知识，树立更加积极的价值观念。

三、高校网络思想政治教育的困境

课题组于 2022 年 5—7 月在 5 所高校开展调查，调查工具为自编《大学生网络使用及网络思想政治教育调查问卷》，共发放问卷 350 份，回收有效问卷 338 份，回收率 96.6%。调查结果显示，高校网络思政教育面临诸多现实困境。

（一）内容困境：高质量网络思政教育资源的生产滞后

一是网络育人内容单一。当前网络思政教育在内容建设上创新不多，基本采用了将思想政治教育内容照搬到网上的生硬方式，工作模式仍然是自上而下，由教师把控内容导向，通过对学生输出教育内容来进行网络思想政治教育的实践，教师与学生双向沟通交流的缺失容易造成师生主体的需求错位。二是社会网络信息良莠不齐，区分利用难度大。大学生关注的网络信息十分丰富，从社会新闻到校园热点，由于网络空间的言论自由性和隐匿性，网络信息难免鱼龙混杂，掺杂一些暴力、色情等不良信息，这就要求高校对思政信息传播进行必要的限制，起到"把关人"或"防火墙"的功能。三是基于网络思政教育特征的教育资源创作缺乏。从量上看，高校网络优秀产品供给不足，教育内容的同质化和学生的个性化需求存在供需矛盾。从质上看，话语体系不接地气，不能做到用网络话语和学生交流。不少网络产品只是简单地把枯燥深奥的理论直接移植到网络空间，缺少鲜活事例的论证，这样的内容难以深入学生的心灵，难以回应学生思想关切，难以解决学生价值困惑，育人效果不佳。

（二）传播困境：网络信息传播碎片化与圈层化

一是碎片化的信息获取不利于引发深入思考和价值塑造。数字化媒体时代，也是图像表意狂欢时代，大学生依赖表情包、短视频、3D视觉互动表达，"读图"胜于读文，"读屏"多于读书，直观遮蔽沉思，快感冲击美感，对世界的认知越发依赖眼睛而不是头脑，致使青年入心入脑的知识量不增反减。碎片代替全部，局部代替全局，易导致青年价值迷茫，出现认知偏差和信任危机。一部分思政教育者为迎合学生的诉求，不得不机械地、形式化地将场景技术运用到思想政治教育的过程中，使得教育者的能动性在一定程度上被场景化技术消解。二是圈层化的知识传播圈闭大学生认知范围。大学生在网上获取大量的知识，而且通过各种社交媒体平台寻找"志同道合"的群体，形成一个圈层，如电竞圈、二次元文化圈、美妆圈等。但是长期处于一个圈层，青年的知识和价值观必然受限于此圈层的文化结构，价值认知逐渐被本圈层文化主导固化，其知识结构、知识范围也会局限于此。

（三）空间困境：网络空间复杂主体与去中心化

一是网络空间复杂主体导致价值选择困惑。网络空间中各类主体均有发声权利，导致形形色色的负面思潮和观念充斥其间，容易动摇和破坏大学生的思想观念、价值取向和文化传统。隐含于技术中的资本逻辑通过算法操控诱导青年"积极"享乐与消费，更是会消解大学生的理性认知。"信息茧房""过滤气泡""回音室"等负效应，削弱思想政治教育内容的权威性，挑战传统思想政治教育模式。二是去中心化导致权威媒体作用弱化。大学生较多关注"欲知"内容，较少关注"应知"内容，易从"网络原住民"变为"信息孤岛原住民"，看待网络与现实的角度、视野窄化，最终导致网络思政教育认知基础不全，大学生在享受工具理性带来的快感中遗忘了现实实践对自我发展的价值与意义。

（四）方法困境：高校网络思政教育方式创新与系统机制缺乏

一是缺乏教育者与教育对象的双向互动。双向沟通交流的缺失造成师生主体的需求错位，很难引起教育对象的共鸣。调查显示，大多数学生希望教师是他们的"良师益友"，但又认为教师对网络的了解还不如学生。二是各育人主体间缺乏协同机制。网络思政是一项系统性工程，当前协同机制还不完善，一方面，缺乏系统协同，学校职能部门缺乏统筹整合，各部门、各平台各自为政，缺乏沟通协商，未能做到扩大共识、加强共建；另一方面，缺乏多元主体协同引领，校方是网络思政教育的主体，社会、家庭等参与较少，没有形成多元主体协同引领。

四、新时代高校网络思想政治教育的优化路径

新时代高校网络思想政治教育要从大学生实际出发，及时掌握大学生思想动态，关注大学生利益诉求，及时回应大学生思想困惑，积极掌握网络思想政治教育的主动权。

（一）激发主体活力建立统一协调的高校网络育人空间

一是构建网络思政育人工作格局。加强顶层设计，构建高校党委统一领导、党政齐抓共管、各部门上下联动、教师员工共同参与的"大思政"工作格局，打造一支由学校宣传部门、学工部门、党政干部、思政课教师、辅导员等组成的网络思政工作队伍，建设网上辅导员队伍。强化学校各部门之间的统筹整合、资源共享、沟通协调，实现育人功能的紧密嵌合，形成工作合力和整体性，深化"三全育人"模式；积极调动学生骨干的积极性，成为学校网上思政教育工作的有效辅助和补充。二是加强校园网络媒体的沟通与互动。打造主渠道的控场优势，主动设置网络议题，提前把控舆论导向。优化网络思政资源配置，通过大数据信息渠道建立互联互通的网络云平台，在云平台中汇集网络意识形态资源，实现多元主体协同引领，推进内容资源、渠道资源、用户资源的汇合。深入挖掘先进人物与先进事迹，如"大学生心目中的好教师""明星辅导员""名人名嘴"，用身边人身边事激励奋斗，把故事讲生动、把道理讲明白，给学生心灵震撼、敲击、警醒、启发。

（二）依托大数据资源提升高校思政教育的传播效力

一是利用大数据捕捉网络思政热点和大学生关注点。运用大数据统计热点问题的点击量、评论量，精准高效定位社会热点和大学生的关注点。同时将大数据运用到议题数据挖掘分析中，掌握网络即时动态和议题设置主动权。增强网络舆情应急能力，对敏感事件和突发事件及时监测、预判和处置，做到及时疏导，舆情可控。二是依托大数据对教育对象进行智能推送。通过数据较为准确地分析出不同地区、不同专业、不同兴趣爱好的学生对思政教育资源的个性化需求，有针对性地提供学习内容。通过智能推算，实时调控、跟踪测评每一次思政教育活动中的内容设计、方法选择与教育过程，收集用户的状态更新，形成思想演化图谱。借助强大的算法推荐，向学生进行主流价值的新闻推送，再次将大数据应用于分析思潮变化，及时、精准挖掘数据。

（三）应用网络思维构建高校协同创新的育人方式

一是提高新媒体技术运用能力。构建能够激发大学生主观感受的思想政治教育的技术场景，以更好地提升大学生思政学习的沉浸式体验。创作更多应用 VR、AR、H5 等技术的思政教育作品，如短视频。提高全体校园人的网络素养，建议高校将网络素养教育开设为大学生必修的课程，提升大学生对网络的认知。二是增强内容供给的精准性。借助新技术平台挖掘青年热爱的文化资源，与中华优秀传统文化、社会主义先进文化进行融合创新，强化网络传播的内容创新和语态创新，提高网络思想政治教育话语能力，引导青年对真善美的追求。以成果导向教育理念，系统性设计、组织、实施网络思想政治教育，在教育环节设计时多增加互动、体验环节。

（四）建设网络社区优化高校网络思政的教育环境

一是开展高质量网络社区建设。开展针对新媒体、移动网络平台的思政教育社区建设，提供多样化、高质量的校园网络文化应用和硬件软件服务。一方面关注热点，引领网络发声。一旦热点事件发生，迅速组织专家进行研究判断，表明立场，引领网络舆情。另一方面讲求艺术，在发布信息、推送内容上注意语言的艺术，把握好时度效，拉近与大学生的心理、情感距离，建立信任关系。监管过滤极端不理性舆论，严惩违规违法舆论行为，保证校园网络精神正能量持续供给。二是加强高校网络思想政治教育新媒体品牌化建设。探索长效的、系统的作品培育与推广机制，优化网络文化作品培育的"软环境"，深化作品有效供给，完善丰富传播环节，强化作品全流程推广策略。打造学校网络文化品牌活动，让学生主动参与进来，实现自我育人。

推荐单位：贵州省政研会

作　　者：李　波　傅铄然　宋　伟

以"赶考讲师团"巩固强化企业干部职工团结奋斗共同思想基础的探索实践

基层理论宣讲是打通党的创新理论传播"最后一公里"的重要渠道，国网河北电力以"赶考讲师团"巩固强化国有企业干部职工团结奋斗共同思想基础，认真研究基层理论宣讲的基本经验和有效路径，对于巩固强化国有企业干部职工团结奋斗共同思想基础具有重要启示。

一、新时代加强国有企业基层理论宣讲具有重要的时代价值

中国特色社会主义进入新时代，我国迈上全面建设社会主义现代化国家新征程，国有企业改革发展面临新形势、新任务和新要求，加强基层理论宣讲，教育引导广大干部职工用习近平新时代中国特色社会主义思想武装头脑、指导实践、推动工作，是国有企业破解发展难题、创造一流业绩的重要法宝。

一是加强基层理论宣讲是旗帜领航、始终坚持正确发展方向的

重要抓手。开展基层理论宣讲，持续推动国有企业干部职工学理论、强理论，在深学细悟中进一步深刻领悟"两个确立"的决定性意义，增强"四个意识"、坚定"四个自信"、做到"两个维护"，确保国有企业始终在政治立场、政治方向、政治原则、政治道路上同以习近平同志为核心的党中央保持高度一致，确保国有企业始终沿着正确的发展方向踔厉奋发、勇毅前行。

二是加强基层理论宣讲是凝心聚力、建设世界一流企业的重要载体。开展基层理论宣讲，把党的创新理论转化为广大国有企业党员干部职工爱听好懂易传的管用思路和务实办法，教育引导干部职工在学思践悟中不断提高认识世界的水平和改造世界的能力，在百年未有之大变局中准确识变、科学应变、主动求变，在危机之中育先机、变局之中开新局，进一步提高企业政策理论水平和科学决策水平，持续增强其行业影响力、国际竞争力。

三是加强基层理论宣讲是正本清源、坚持党对意识形态领导权的重要方法。开展基层理论宣讲，加强传播手段和话语方式创新，让党的创新理论"飞入寻常百姓家"，能够持续巩固和扩大意识形态阵地，教育引导国有企业干部职工以党的旗帜为旗帜、以党的方向为方向、以党的意志为意志，坚定信念、增强信心、迎难而上，有效破解企业改革发展中的难事难题，持续筑牢强化国有企业干部职工团结奋斗共同思想基础。

二、国网河北电力以"赶考讲师团"为载体巩固强化国有企业干部职工团结奋斗共同思想基础的探索实践

1949年3月，党中央驻地从西柏坡迁往北京，毛泽东同志将

其称之为进京"赶考","赶考"精神作为党的历史上宝贵的精神财富传承至今，河北成为"赶考"精神的发源地。2013年习近平总书记在河北调研时指出，"党面临的'赶考'远未结束"；2018年习近平总书记在学习贯彻党的十九大精神研讨班开班式上的重要讲话中指出，"时代是出卷人，我们是答卷人，人民是阅卷人"；2022年习近平总书记在省部级主要领导干部"学习习近平总书记重要讲话精神，迎接党的二十大"专题研讨班上指出，要巩固长期执政地位、始终赢得人民衷心拥护，必须永葆"赶考"的清醒和坚定。这充分体现了共产党人只争朝夕、胸怀天下的历史责任感和时代紧迫感，"赶考"精神的科学内涵日益丰富、时代价值更加凸显。

国网河北电力党委自2020年起启动习近平新时代中国特色社会主义思想理论讲师选拔培养工程，持续打造政治素质过硬、业务能力突出的"赶考讲师团"。3年来通过逐级选拔、集中培训、择优选聘，精心选育116名来自不同专业领域、具有国家电网特质、河北电力特色的理论讲师，在把握基层理论宣讲的基本原则、打造高质量基层宣讲模式等方面取得了突破性成果。

一是把牢一个职责定位。旗帜鲜明讲政治，坚持把学习宣传习近平新时代中国特色社会主义思想作为"赶考讲师团"工作的根本出发点，注重积累整理反映企业日新月异、职工赶考争先的相关素材，结合自身学习体会和鲜活案例，用故事化、情景化的方式讲述分享给受众，生动呈现在党的创新理论指引下国家发展的新成就、百姓生活的新变化、企业焕发的新气象、职工展现的新担当，教育引导受众进一步强化感党恩、听党话、跟党走的自觉性。

二是把好选育四个关口。习近平总书记指出："新时代坚持和发展中国特色社会主义，需要大批能把马克思主义中国化讲好的人

2021年6月18日，220千伏剧村城市智慧能源融合站建成投运

才，讲人民群众听得懂、听得进的话语，让党的创新理论'飞入寻常百姓家'。"培育能把马克思主义中国化讲好的高质量人才、打造高质量的"赶考讲师团"，首先要把好讲师选育的四个"关口"：一是严把入口关，由基层单位党委择优推荐，公司党建部对初步人选进行审核，确保其政治素养、理论水平、宣讲技能等基本要求；二是严把集训关，既涵盖党的创新理论系统教学课程，也包括讲台呈现、宣讲表达、课程开发等教学内容，既有中央党校教授集中授课、红色教育基地外出学习，也聘请省委党校专家一对一辅导，并设置"燕赵讲解员""党性直播间"等活动载体，让理论讲师的政治理论水平和宣讲专业能力得到针对性提升；三是严把选聘关，综合学员培训期间表现、理论考试成绩、组内试讲成绩、微课展示成绩，对学员作出评价；四是严把实践锻炼关，坚持在实践中锻炼队伍、培养队员，及时收集受众对讲师的反馈意见，定期交流研讨心得体会，

组织讲师有针对性地走出去汲取经验、强化训练。

三是坚持课程开发"三精"标准。深入一线宣讲不同于走上讲堂、走进会场宣讲，很难找到现成的宣讲素材。进行高质量理论宣讲，首先要做好高质量的宣讲课程的开发设计。精准聚焦习近平总书记在相关领域的最新重要讲话和重要指示批示精神、精心研究受众群体特点和认知习惯、精细准备深入浅出且动情入理的宣讲课件。

四是用好"四小"载体做好宣讲传播。紧密贴合基层理论宣讲的实际场景，为"赶考讲师团"成员配备一个小背包、一个小马扎、一块小黑板、一个小喇叭"四小"装备，让讲师团成员具备深入干事创业的主战场、攻坚克难的第一线、为民服务的最前沿随时讲、随处讲的条件。自"赶考讲师团"组建以来，累计深入工程施工、电力保供、安全生产、为民服务现场宣讲600余场，受众规模达2万人以上。

五是强化组织建设。建立健全组织体系，成立"赶考讲师团"工作领导小组，由公司党委专职副书记担任组长，成员由公司党建部、组织部、纪委办、宣传部、人资部、培训中心主要负责同志组成。其中，组长负责"赶考讲师团"的全面领导；党建部负责"赶考讲师团"的选拔培育、工作推动、日常管理；组织部参与对讲师团成员的跟踪培养，并将讲师团成员身份记入干部人事档案；纪委办负责对讲师团成员的纪律把关、日常监督；宣传部负责对讲师团工作情况、工作成果的宣传报道；人资部负责将讲师团成员纳入兼职培训师队伍和党建专业人才队伍建设视野；培训中心负责讲师团培训培养的具体组织实施，积极推选优秀讲师团成员加入地方理论宣讲组织。

六是加强机制建设。通过建立完善工作机制，促进"赶考讲师团"发挥作用常态长效。建立日常研学机制。通过个人自学和集中教学相结合的方式，组织讲师团成员常态化开展理论学习。明确阶段学习方向，推荐理论书籍、推送视频课程，分批组织讲师团成员开展短期集训。每年组织讲师团中能力素质强、积分评价好的学员前往全国知名党性教育基地等参观学习，加强党性修养、开阔思路视野。建立常态宣讲机制。针对不同阶段性任务，组建工作小组，共同开展课程开发、专题研修等工作，组织集中研讨、精细打磨，形成宣讲教案、工作方案。突出七一、国庆等特殊时间节点，组织讲师团走进会场现场、面向基层一线开展宣讲。建立评估反馈机制。将宣讲对象"听不听得明白、喜不喜欢听"作为评价标准。采取发放调查问卷、召开座谈会、网络点赞、电话抽样调查等方式，收集受众信息，科学评估宣讲效果，动态调整宣讲内容，优化改进宣讲方式。组织讲师团每年开展专题调查研究，深入一线了解受众需求，不断提高宣讲的针对性、实用性。

七是加强品牌建设。聚焦品牌、形象等方面加强宣传。统一品牌形象。结合行业特点、企业特色、历史底蕴、文化积淀等，规范宣讲团名称、口号，设计制作服装、专属logo、徽章等形象标志，统一配备宣讲装备，充分展现团队形象。强化品牌宣传。及时总结宣讲经验和特色做法，利用电视、广播、报纸等传统媒体和微博、公众号等新媒体加强宣传报道。2021年5月，中央电视台《新闻直播间》栏目以"赶考讲师团"在雄安新区昝西220千伏输变电工程现场开展理论宣讲为切入点，对"赶考讲师团"宣讲情况进行专题报道，新华社、人民日报、人民网等中央主流媒体也相继报道了"赶考讲师团"的典型做法。

三、国网河北电力以"赶考讲师团"为载体巩固强化国有企业干部职工团结奋斗共同思想基础的具体成效

一是推动党员群众进一步筑牢了思想根基。"赶考讲师团"充分发挥了传播党的创新理论的"火种"作用，带动公司上下形成学理论、强理论的浓厚氛围，雄安、邯郸等地市公司纷纷涌现出"青雁讲师团""太行之光讲师团"等具有地方特色的宣讲团队，构建起省市联抓、部门联合、队伍联动的理论宣讲大格局，教育引导干部职工在学思践悟中深刻领悟"两个确立"的决定性意义，进一步增强"四个意识"、坚定"四个自信"、做到"两个维护"。

二是引领党员群众进一步明确了前进方向。"赶考讲师团"紧密结合行业、企业实际宣讲党的创新理论、解读宏观形势政策，让广大受众对世情、国情、党情的理解更加深刻，锻炼了干部职工用更加宏阔的视野去审视、谋划、推动工作。在党的创新理论指引下，公司干部职工积极践行习近平总书记"四个革命、一个合作"能源安全新战略，积极投身清洁低碳、安全高效的能源体系建设，实现光伏"固碳"、森林"降碳"合同双突破，雄安高铁站光伏项目在联合国气候变化大会上面向全球发布，"乡—村"两级新型电力系统示范全面建成。

三是引导党员群众进一步激发了创业热情。"赶考讲师团"生动阐释在马克思主义中国化进程中，中国共产党人进行的艰辛探索、作出的巨大牺牲、取得的重大成就，让受众在思想共振、情感共鸣中自觉将感党恩、听党话、跟党走的行为准则融入血脉、注入灵魂，进一步激发了干部职工团结奋进、岗位建功、建设世界一流企业的

工作热情。2022年，广大干部职工积极投身能源强省建设，用心用情服务地方经济社会发展，提前完成6000余项配网建设任务，高质量完成2700多个老旧小区电力设施改造，成功应对最高气温、最大负荷考验，圆满实现"无拉路、不限电"，以实际行动确保百姓用上可靠电、放心电。

四、国网河北电力以"赶考讲师团"巩固强化国有企业干部职工团结奋斗共同思想基础的探索实践的主要启示

国网河北电力以"赶考讲师团"巩固强化国有企业干部职工团结奋斗共同思想基础的探索实践之所以取得了显著成绩，根本一条就是在学懂弄通做实习近平新时代中国特色社会主义思想上下功夫，不断增进党员干部、职工群众对创新理论的政治认同、思想认同、情感认同、行为认同。

一是必须坚持把讲政治摆在首位。理论上清醒，政治上才能坚定。开展党创新理论宣讲，是一项严肃的政治任务，必须按照党的二十大的统一部署，坚持用党的创新理论武装全党把讲政治的要求贯穿理论宣讲始终，积极引导党员干部、职工群众增强"四个意识"、坚定"四个自信"、做到"两个维护"，引领党员干部、职工群众不断增强政治判断力、政治领悟力、政治执行力。

二是必须坚持围绕中心、服务大局。只有坚持理论联系实际，用党的科学理论武装全党，使各级党组织和广大党员、干部在共同思想理论基础上形成共同理想信念，达到高度集中统一，党的组织体系的优势和威力才能充分体现出来。理论宣讲团始终牢固树立空谈误国、实干兴邦的理念，坚持紧密结合行业发展趋势、企业发展

实际开展理论宣讲，既告诉大家"是什么""为什么"，也告诉大家"做什么""怎么做"，通过有质有力的宣讲，激励受众将学习成果转化为干事创业的实际行动。

三是必须坚持以人民为中心。让党的创新理论"飞入寻常百姓家"是马克思主义大众化的必然要求。理论宣讲团始终牢固树立以人民为中心的工作导向，坚持群众在哪里，理论宣讲就跟进到哪里。紧密结合群众思想实际析事明理、解疑释惑、回应关切，把服务群众、引导群众、依靠群众、动员群众结合起来，根据人民群众的文化水平和职业特点，用通俗易懂的语言，丰富多彩的形式，架起科学理论与人民大众的桥梁，使广大群众在理想信念、价值理念、道德观念上紧紧团结在一起，始终与党同心同向同行。

四是必须坚持久久为功、常抓不懈。思想建设是基础性建设，必须久久为功、常抓不懈。宣讲团始终根据习近平总书记最新重要讲话和重要指示批示精神动态调整宣讲内容，根据企业战略落地进程不断丰富宣讲场景，根据受众群体变化及时调整宣讲方式，结合基层工作实际和群众日常生活的先进事迹、鲜活案例，把党的创新理论说清楚、讲明白，在常抓不懈、日积月累中推动党员干部、职工群众的思想认识、理论水平实现稳步提升，巩固了国有企业职工团结奋斗的共同思想基础，凝聚起共创世界一流企业、同心共筑中国梦的磅礴力量。

推荐单位：中国电力政研会

作　　者：吕运强　刘　伟　张　磊

中央企业参与新时代文明实践中心建设研究

国网江苏省电力有限公司（以下简称"国网江苏电力"）是最大的驻江苏央企之一，服务全省4972万电力客户，客户满意率保持在99%以上。国网江苏电力牢记"国之大者"，发挥企业在服务地方发展、保障民生方面涉及千家万户，拥有阵地资源丰富、组织能力强、老百姓信任度高的行业优势，从2018年开始，分"试点探索""全面融入"两个阶段，注重顶层设计、分步实施，坚持暖心工程先行、价值引领紧跟的工作思路，立足企业实际主动融入新时代文明实践中心建设。

一、重要意义

（一）全面融入新时代文明实践中心建设，是中央企业落实党中央重大决策部署的重要举措

新时代文明实践中心建设是新形势下宣传思想工作守正创新、

开拓新局的重要举措，是盘活基层、打牢基础的重要改革，也是促进基层治理体系和治理能力现代化的重要途径。作为中国特色社会主义的重要物质基础和政治基础，国有企业尤其是中央企业是党执政兴国的重要支柱和依靠力量，始终把学习宣传贯彻习近平新时代中国特色社会主义思想作为首要政治任务，需要主动作为、率先垂范，充分发挥资源优势，带头落实党中央重大决策部署，带动更多社会资源在学习实践科学理论、宣讲宣传方针政策、做好志愿服务工作、丰富精神文化生活等方面发挥更大作用。

（二）全面融入新时代文明实践中心建设，是中央企业发挥"六个力量"的必然要求

习近平总书记在全国国有企业党的建设工作会议上指出国有企业必须具备"六个力量"。中央企业与生俱来的红色基因，承载着国家的重要使命，不但在重大关键行业的产业链、价值链和供应链上具备天然的主导地位和引领优势，而且是保障和改善民生、推进共同富裕、服务百姓生活的支撑力量。中央有号召、央企有行动，主动融入新时代文明实践中心建设，是中央企业着眼深信笃行、知行合一，紧密结合人民群众新期待，更好推动解决发展不平衡不充分问题，更好满足人民日益增长的美好生活需要的有效实践。

（三）全面融入新时代文明实践中心建设，是中央企业建设世界一流企业的有效途径

习近平总书记强调，要加快建设一批产品卓越、品牌卓著、创新领先、治理现代的世界一流企业，在全面建设社会主义现代化国家、实现第二个百年奋斗目标进程中实现更大发展、发挥更大作

国网江苏电力共产党员服务队帮助维护渔光互补发电设备，助力碳中和

用。新时代背景下，国有企业尤其是中央企业要实现高质量发展，建设一批产品卓越、品牌卓著、创新领先、治理现代的世界一流企业，必须打造一支适应时代要求、有理想守信念、懂技术会创新、敢担当讲奉献的高素质职工队伍。主动融入新时代文明实践中心建设，引导职工在服务群众中，提高政治站位，筑牢"以人民为中心"的立场，成为党最忠诚、最坚强、最可靠的社会主义建设的"主力军"。

二、主要做法

国网江苏电力深刻把握中国式现代化的中国特色、本质要求和重大原则，结合文明创建、结对共建、乡村振兴等工作，按照有场所、有队伍、有活动、有项目、有机制的标准，构建起网络化的实践阵地、规范化的志愿队伍、品牌化的服务项目，不断深化现代服务体系建设，推进服务贴心暖心、价值传播和引领，把"人民电业为人民"的服务理念转化为以真情暖人心聚民意的服务能力和引导群众听党话、感党恩、跟党走的引领能力，确保党的重大决策部署在哪里，国有企业就跟进到哪里，"六个力量"的担当就体现在哪里。

（一）立足责任定位，紧扣学习宣传贯彻习近平新时代中国特色社会主义思想工作主线

国网江苏电力紧扣学习宣传贯彻习近平新时代中国特色社会主义思想这条工作主线，把全面融入新时代文明实践中心建设作为架起党和人民连心桥的"人心工程"。

坚持思想入心，以营业窗口、文明实践基地站所、电力文化遗产等为主阵地，把加强党的创新理论学习宣贯作为重要内容，发挥共产党员服务队、青年志愿团队的力量，拓展理论宣传宣讲有效载体，以理论故事化、政策普及化等接地气的方式推动人民群众学习理论、践行理论。

坚持服务暖心，发挥电力服务的行业优势，立足业务工作，以做优本职服务、做实延伸服务、做深志愿服务为重点，聚焦群众所思所想所盼，深入服务对象、深挖服务需求，提升服务响应速度、提高服务内涵和质量，以服务聚民意，让人民群众更有幸福感、收获感。

坚持价值领心，开展"光明与文明同行""电暖流·寻初心""企村党建共建互联""城乡结对文明共建"等活动，把农村道德讲堂建设、农村新型文明礼仪建设作为重要内容，在助力乡村振兴、助推脱贫致富中，推动农村文明风尚养成。

（二）发挥特色优势，打造县乡村三级实践阵地

国网江苏电力依托覆盖全省各村镇的服务点和业务优势，坚持"群众在哪里、文明实践就延伸到哪里"，建立"基地＋点"的"1＋N"实践阵地，在县（市、区）公司所在地设立新时代文明实践基地，在乡镇营业点设立乡镇文明实践点，依托供电业务所和"第一书记"驻村场所建设农村文明实践点，向公众常态开放。截至目前，公司在全省建成60余个实践基地、880余个实践点，实现了阵地建设在营业窗口的全覆盖。

立足常态长效发挥文明实践功能，实践阵地配备专兼结合的文明实践管理人员，按照统一规范制度、统一标识、统一活动菜单的标准进行运作，实现服务资源统筹安排，服务项目统筹设计、积极响应本地政府组织和群众的需求，常态化开展电力科普、理论宣讲、便民服务、志愿服务等活动，发挥了优质服务和教育引导相叠加的文明实践功能，成为地方党委政府开展新时代文明实践的重要力量。

公司结合脱贫攻坚、抢险救灾、绿色发展、民生保障等责任使命，着眼重点人群，广泛开展志愿服务，建设111所"国家电网·希望来吧"，帮助留守儿童改善成长环境、保障心理健康；建设100所电暖流关爱驿站，关爱和服务网约车司机和外卖小哥等新业态新就业群体；建设14个电暖流爱心超市，面向农户开展志愿爱心积分兑换农器具和生活用品等活动，形成了覆盖全省、便捷高效、兼有"乡土特色"和"电力元素"的爱心公益网络。

（三）凝聚先锋力量，培养争当"三员"志愿队伍

国网江苏电力发挥全国文明单位、全国基层优秀党组织的经验

国网江苏电力共产党员服务队在苏州太仓港岸电施工，推动绿色低碳转型

优势，以 117 支共产党员服务队、4 万余名党员、70 余支青年志愿服务队、1.4 万余名注册志愿者为主要力量，实施志愿队伍规范化建设。广泛开展志愿者注册登记工作，及时整理更新队员信息，纳入地方志愿服务体系，注重加强与地方志愿服务组织的协调联动。健全志愿队伍管理机制，持续开展志愿者和志愿服务组织赋能工作，以实践活动记录簿为载体，记录志愿者的服务时间、服务内容等信息。根据志愿者参与文明实践活动积极性、志愿服务时长、活动效果等情况，选树一批优秀志愿者，促进志愿服务活动广泛开展。注册"电暖流"商标，在队旗、队服、名片统一使用"电暖流"新时代文明实践标识，通过独特、鲜明的视觉标识、良好规范的行为活动提升社会各界和百姓群众的认同感，不断增强志愿服务队的影响力。

公司面向全员，提出争当"党的政策的宣传员""纾解民困的服务员""社情民意的信息员"的实践要求。当好"宣传员",积极参与地方理论宣讲活动,以县公司为主体力量组建近百人的懂理论、知群众、会宣讲的"电暖流"故事团队,完成300余个故事的创作,举办新时代文明实践故事大赛,将价值理念引导融入到百姓故事中,助力农村文明风尚养成。当好"服务员",拓展党员服务群众渠道,以"我为群众办实事"活动为抓手,依托"党员进社区""双结对"等载体,针对群众急难愁盼问题,开展各类专项攻坚活动。引导干部职工参与所在社区、村镇组织的志愿服务活动,策划实施主题性、普惠性、特惠性志愿服务项目,引导群众就近就便参与互助式志愿服务。当好"信息员",修订窗口工作人员规范用语,配置抢修专用工具包,日常工作时,在本职服务完成后,增加"您还有没有什么别的困难或问题需要党和政府帮助的"等话语,及时收集群众对于党和政府的意见和需求,了解百姓的急难愁盼,并按流程逐级上报到相关单位。

(四)紧扣群众需求,构建三大服务工作体系

国网江苏电力紧扣群众需求,以做好"三大服务"为抓手,打造了以行动履责的实践平台,形成专业化的履责行动系统,建立起乡镇、社区、村组网格化服务体系。一是做优本职服务。强化"不停电就是最好的服务"理念,推广不停电作业,最大限度减少停电时间和次数。践行"亲情服务法",提高服务质量,提升响应速度,缩短故障响应时间,让灯先亮起来。二是做实延伸服务。针对老城区与农村社区普遍反映的"楼道黑洞""黑楼道亮化返黑"等焦点难点问题,把"小区黑楼道整治""公路亮灯"纳入新时代文明实践志愿服务体系。广泛听取各社区群众需求,聚焦

环境美化、用电安全等领域，出动千名志愿者持续开展"电力美容"清洁行、"智能电力"绿色行等行动。三是做深志愿服务。开展"电力光明"温暖行、"爱心电力"公益行等行动，在疫情防控期间，实施"电暖流·战役先锋"行动，自制2万余个防护面罩驰援抗疫一线。公司2000余名志愿者担任社区"楼道长"，助力地方政府抗击疫情。

（五）探索联动机制，组建共建共享"国企联盟"

中央企业是关系国家安全和国民经济命脉的主要行业和关键领域，在经济实力、队伍素质、工作方法、阵地资源、党建机制等方面具有十分突出的独特优势，在新时代文明实践中心建设过程中能够发挥更大作用，成为地方党委政府开展文明实践的重要力量。为推动形成整体合力，带动更多的社会资源在思想和行动上形成共识，国网江苏电力在江苏省委宣传部的指导和支持下，倡导成立了多家国有企业组成的"国企文明实践联盟"，建立了民情信息共享平台、文明实践志愿服务联动平台和业务培训平台，结合全省"一网通办"供电服务，推动水电气信等国有企业实现服务设施互联互通、业务服务联合办理、志愿服务互联互动，共同走进村镇社区、田间地头开展文明实践活动，以兼容开放的国企文明实践"朋友圈"为地方新时代文明实践助力添彩。

在疫情防控期间，公司以新时代文明实践中心建设凝聚疫情防控、复工复产、防汛抗灾的向心力、行动力，积极回应群众需求，发挥了宣传群众、凝聚群众的强大功能，厚植了为民服务的根基，相关工作得到了地方党委政府的充分肯定和人民群众的普遍欢迎，工作经验得到了各级媒体的广泛关注。公司"蜜蜂行动"新时代文明实践志愿服务队、开山岛共产党员服务队、"电暖流·暖民心"新时代文明实践志愿服务项目、"电亮微光"留守儿童关爱项目4个组织和项目获得全国学雷锋志愿服务最佳志愿服务组织、最佳志愿服务项目，典型案例《"电暖流"暖民心》作为全国唯一一个企业案例，入选中央文明办印发的《建设新时代文明实践中心工作方法100例》。

三、工作启示

从国网江苏电力的实践看，公司充分发挥特色优势，在新时代文明实践中心建设过程中，着力解决群众烦心事、操心事，把党的关怀和温暖送进百姓心坎，彰显了央企担当和情怀。中央企业作为国有企业的突出代表，可以着眼阵地共建、活动共联、队伍共育，打造文明实践综合体，实现人尽其才、物尽其用，在新时代文明实践中心建设过程中大有可为。

（一）国有企业尤其是中央企业是新时代文明实践中心建设不可或缺的力量

新时代文明实践中心建设由试点探索转为全面展开，需要调动国有企业力量，整合资源，全面推动国企参与文明实践中心建设，使之成为中心建设的重要力量。特别要抓好"三高"特征大型骨干企业、服务型企业，这些企业的业务对基层群众高渗透性、高覆盖性，群众生活对其高依赖性，让他们作为中坚力量，发挥行业优势，带动引领其他企业乃至社会力量参与新时代文明实践中心。

国网江苏电力共产党员服务队破冰前行4个小时，为小杨庄岛的一户居民排除用电故障，全力保障渔民生活用电

（二）国有企业融入新时代文明实践中心建设重在做优本职工作，做实延伸服务

"本职工作完成得好不好""延伸服务开展得实不实"，除了代表国企形象，同样代表党和国家的形象。国有企业要将本职工作、延伸服务多与文明实践活动相融合，从"一枝独秀"向"百花齐放"转变，特别还要发挥国企尤其是央企在党的建设、文明建设、价值观培育上的经验和优势，更好地参与地方新时代文明实践中心建设，实现共建共治共享，成为"最可信赖的依靠力量"。

（三）坚持试点先行、稳步推进，"盆景式"工作方法要不得

新时代文明实践中心建设是一项打基础利长远的工作，要树立"久久为功"意识，顺应建设规律，摒弃"急功近利"心态，切忌盲目冒进，杜绝只关注一时一事、一个亮点、一个企业和一个盆景。实践证明，新时代文明实践中心建设需要发挥城市带动农村的优势，

如何凝聚共识，扎实有序、常态开展好国企参与文明实践活动至关重要，要发挥国有企业尤其是中央企业阵地优势、队伍优势、资源优势，在服务群众中教育引导群众，在解决问题中做好思想政治工作，协助和支撑地方形成新时代文明实践的良好生态。

推荐单位：国家电网政研会

作　　者：姚国平　张　寒　王　琦

中央企业参与新时代文明实践中心建设研究

中央企业充分发挥先进典型示范引领作用研究

选树宣传先进典型是加强和改进思想政治工作的有力抓手，是思想政治教育的重要手段，是强化价值引领的关键要素，是增进企业文化认同的有效途径。进入新时代，先进典型的选树标准和使命要求更加明确严格，培养路径和传播手段更加丰富多元，推动形成常态化长效化工作机制的要求越发迫切。新形势下中央企业做好先进典型选树宣传工作，能够充分发挥先进典型的示范引领作用，营造崇尚先进、学习先进、赶超先进的浓厚氛围，更好地为企业改革发展和党的建设工作凝聚内生动力，对提升产品品质、创树企业品牌也具有重要意义。

一、新形势下先进典型选树宣传工作的主要特点

一是进入新时代，"忠诚、干净、担当"成为先进典型选树宣传最鲜明的底色和要求，选树标准越来越高。二是中央企业坚持加强和改进先进典型选树宣传工作，不论是在培养环境还是培养形式上，重

视度越来越高，路径渠道进一步畅通。三是随着"大宣传"要求和标准不断提升，融媒体宣传作用日益凸显，先进典型宣传的手段越来越丰富。四是在先进典型示范带动下，崇尚先进、学习先进、赶超先进的氛围和风尚日趋健康积极，先进典型的感召作用不断增强。

二、中央企业先进典型选树宣传的短板弱项

（一）先进典型的"选树定位"还不够准

上下结合、点面结合、内外结合的常态化长效化工作机制还不够健全，仍然存在小范围、低层级培育的情况，使得一些典型"长不大"。同时，把握"聚焦基层一线、坚持实事求是、坚持群众认可、注重发挥合力、遵循优中选优"原则不够严格，接地气、冒热气、有影响力、可深度学习的先进典型数量还不够多。

（二）先进典型的"质量成色"还不够足

少数基层单位选树宣传先进典型组织调研走访、听取职工群众意见建议不足，或贪多求全"矮子里面拔将军"，或刻意雕琢拔高痕迹较重，致使先进脱真向虚，典型的"品质成色"经不起考验。有的审核渠道不够严格，按照固定指标论资排辈，特殊照顾"捡到篮里都是菜"，职工群众认可度不高。

（三）先进典型的"宣传声量"还不够大

重表彰奖励、轻宣讲宣传的情况普遍存在。对先进典型的"闪光点"挖掘不够深入，对"精气神"提炼不够精准，使得先进典型

缺乏感召力和吸引力；对先进典型的融合宣传不够，致使典型的优秀事迹传播度不够广泛；有的舆论导向意识不够，极易出现"低级红"和"高级黑"的反作用现象。

（四）先进典型的"幸福指数"还不够高

对先进典型的关怀普遍停留在行文表彰、颁奖激励上，后续跟踪关怀呵护、鞭策督促工作不到位，以致"潜力股"逐渐趋向平庸。对先进典型的教育监督"加油补钙"不足，导致典型缺乏与时俱进持久发挥影响力。有的激励机制不够完善，先进典型的成长晋升渠道不畅通，落实相关待遇也不够到位。

（五）先进典型的"引领作用"还不够强

存在重评比表彰、轻学习教育的现象，主要表现为学习的主题主线不聚焦、方式方法不灵活、载体媒介不新颖，不能多形式、多角度、有成效地用身边人、身边事教育引导广大干部职工，导致典型的个体效应扩展为群体效应的作用发挥有限，制约了先进典型示范带动作用的成果转化。

三、新时代中央企业如何充分发挥先进典型示范引领作用

（一）立足于"育得好"，突出顶层设计，在培育先进典型上保证组织力

1.建立齐抓共管的责任机制。要落实好各级组织主体责任，探

索建立新时代加强和改进先进典型选树宣传工作的指导意见或实施办法，将其纳入重要议事日程，与其他重点工作同部署、同落实、同督导，明确各方在培养选树工作上的职责。要落实专人负责，保证经费投入，有计划、有步骤地选树宣传先进典型，努力形成"老典型常树常新、新典型层出不穷"的生动局面。

2.建立动态跟进的管理机制。要坚持分类培养、过程跟踪，根据不同层次、不同层面、不同类型的先进典型，分门别类建立工作档案、信息库，制订培养计划，实行动态管理。要突出计划性，对具有创造性、创新性、符合时代特点的典型，列入重点培养计划，采取领导包挂、部门帮扶、群众监督等方式，与培养对象结成对子，定期跟踪评估其成长状态，在正确的轨道上定向重点加以培养。

3.建立挂钩评价的考核机制。要将加强和改进先进典型选树宣传工作纳入企业党建工作责任制考核重要内容，注重激励引导。对工作开展有力有效、有省部级及以上层面选树重大典型的单位，在年度党建工作责任制考核中酌情加分，作为评选"四好班子"等荣誉的重要依据。对在先进典型选树宣传中发挥了积极作用的人员，给予表彰并适当奖励。

以中国铁建为例，党的十八大以来，该公司进一步升级了先进典型选树宣传工作抓手，制定了《新时代加强和改进思想政治工作的实施意见》，对思想政治工作提质增效进行了总体部署，并就做好先进典型选树宣传工作，制定了《新时代加强和改进先进典型选树宣传工作的指导意见》，逐级结合实际制定实施办法或细则，进一步压实了各级组织选树宣传先进典型的主体责任，为推动整体工作提档升级提供了有力的制度保障。

（二）着眼于"选得准"，突出原则标准，在评选先进典型上增强公信力

1.具有真实性。选树先进典型要以事实为依据，让广大员工能够看得见、摸得着。事迹要贴近群众、贴近生活、贴近实际，既不求全责备、降低标准，也不刻意修饰、夸大拔高，坚决杜绝"假、大、空"，做到经验不作假、成绩不掺水、品质不褪色，叫得响立得住，经得起时间和群众的考验。

2.具有先进性。要重点选树宣传在传承弘扬中国共产党人精神谱系、践行社会主义核心价值观上干在实处、走在前列的先进典型，在推进中央企业改革发展转型升级等工作中取得显著成效的先进典型，在重大事件、重要活动、履行社会责任等方面有突出贡献或完成特定任务的先进典型。要重点选树业绩突出，获得国际性或国家级奖励，在行业内有较高知名度、良好美誉度，在中央企业系统内有影响力和示范力，对提升企业品牌和形象作出重要贡献的先进典型。

3.具有时代性。先进典型要具有鲜明的时代特征，与新时代、新思想、新发展保持一致，与中央企业发展大局同频共振，聚焦企业中心工作和职工群众关切，主动担当作为、干事创业、奋斗奉献。要开拓创新意识强，勇于探索，敢于打破传统思维、陈旧观念，积极站在全局的高度思考和谋划未来发展，在创造性提升中央企业经济质量水平上有思路、有行动、有成果。

4.具有群众性。要坚持群众认可，把群众满意不满意、认可不认可、信服不信服作为选树先进典型的重要标准，坚持从群众身边推荐选树，确保先进典型可信可学；要确保品能优良，具备道德模范的优秀品质，得到一致好评；要将重心向基层一线、重大项目倾斜，重点瞄准党建引领、企业管理、科技创新、深化改革、安全生产、创誉创优、提质增效、社会责任等领域的先进典型。

以中国铁建为例，该公司始终坚持"聚焦基层一线、坚持实事求是、坚持群众认可、注重发挥合力、遵循优中选优"的原则，严格先进典型审核渠道，实事求是、深入细致考察，广泛听取和收集职工群众意见，征求纪检、安全等部门的意见建议，有效防止了"拍脑门"选树。同时，杜绝"带病选树"，实行重大安全责任事故、行政处罚上网公示、等级以上舆情事件，以及负面法律诉讼、信访事件和意识形态相关问题等一票否决制度，凡以弄虚作假等手段获得先进荣誉称号的即刻撤销其荣誉称号，确保先进典型立得住、过得硬。

（三）致力于"推得响"，突出立体宣传，在推广先进典型上扩大影响力

1. 在深入采访挖掘上下功夫。要抓住先进典型的精神品格闪光点，深入挖掘动人故事和感人细节，善于运用具体鲜活的事实、真实客观的数据，以群众的视角和审美观点来表现典型，使先进典型鲜活生动、真实丰满，增强吸引力、感染力。对有代表性的重大典型，要组织精兵强将成立工作小组，对先进典型的事迹进行专门采访、深度挖掘，力求真实立体全面。

2. 在内部宣传上下功夫。要用好传统工具阵地常态化宣传先进典型，也要依托企业自有的新媒体平台进行集中专题宣传。同时，结合企业实际用好企业展馆等资源，布展先进典型展示区，重大典型可布设专厅专馆或专题展览。此外，对重大典型，可通过举办颁

奖典礼、道德讲堂、事迹报告会、经验交流会等丰富活动进行主题活动宣传，放大宣传效应，营造"人人知典型、人人学典型"的浓厚氛围。

3.在全媒体推广上下功夫。要主动适应全媒体时代，加强立体式宣传策划，充分利用最新科技和手段，力求最佳宣传效果。对涌现出的重大典型进行总体策划，重点宣传先进典型的精神追求，坚持故事化讲述、全媒体传播、多渠道展示，加强在中央主流媒体的宣传推介工作，广泛传播好声音、宣传正能量。注重通过微电影、短视频、歌曲 MV、公益视频等文艺作品升华先进典型，提高先进典型的传播力、知名度。

4.在关注舆论导向上下功夫。在组织抓好广泛深入宣传报道先进典型的同时，要密切关注相关先进典型选树宣传的舆论反应情况。要杜绝"低级红"和"高级黑"，确保先进典型宣传符合社会主义核心价值观。同时也要坚决反对压制、讥讽等打击先进典型的不良行为和风气，并根据情节予以严肃处理。

以中国铁建为例，该公司坚持融合宣传，系统化宣传了"全国道德模范"孔凡成、"时代先锋"黄昌富、"中国好人"赵海生、"全国优秀党务工作者"李传营、全国巾帼建功标兵洪学芹、"全国创先争优先进基层党组织"等先进典型的"铁建力量""铁建精神"和"铁建风采"。通过举办大型颁奖晚会、先进事迹宣讲、内宣外宣报道等形式，有力地向系统内、行业里、社会中推介了一大批先进典型优秀事迹，从"'永远的铁道兵杯'十大楷模""十佳道德模范"等先进典型评选，到中铁十六局"央企脊梁·员工榜样"融合宣传，中铁十七局关改玉系列 IP 事迹宣传，中国铁建电气化局"电气化工匠"宣传，中国铁建港航局"最美港航人"系列等先进典型宣传，均取得了权威性高、辐射面广、示范引领有力的宣传报道效果。

（四）落脚于"管得远"，突出组织关怀，在管理先进典型上注重生命力

1.在政治上严格要求。要教育先进典型提高政治站位，坚定拥护"两个确立"、坚决做到"两个维护"，正确对待荣誉，鞭策他们戒骄戒躁，不躺在功劳簿上止步不前，继续围绕中心服务大局，当抓落实打头阵的先锋；要积极帮助先进典型对标对表，在作风纪律上更加严格要求自己，时刻做到自重、自省、自警、自励，实现持续的自我完善、自我精进，不变色、不变质、不变味。

2.在专业上促进提高。要积极为先进典型搭建学习平台，采取因材施教、定向培养、分类培训等方式，持续提高其综合素质。要主动搭建实践平台，根据先进典型的不同特点，加强分类指导和培养引导，优先为先进典型提供锻炼机会，使先进典型群体始终站立潮头、处于良性发展状态。

3.在事业上提供舞台。要做好实质性关怀，把先进典型放到最适合发挥才能、发挥特长、发挥作用的岗位上，提供广阔的施展平台，做到人尽其才、才尽其用、用得其所。要进一步健全容错机制，对不利于先进典型成长的错误思想和行为及时纠偏导正，使先进典型能在良好、健康的舆论氛围和环境中成长，给予先进典型政策支持，通过多种渠道、多种形式的表彰奖励，持续激发先进典型创新进取的干劲。

4.在生活上解决困难。要主动为先进典型减压减负，经常谈心谈话，化解他们在工作、生活和学习等方面的困惑顾虑，调整他们的心理状态，使他们轻装上阵、时刻保持最佳状态。要用心用情用力为先进典型解决工作、生活和学习等方面的急难愁盼问题，如子女入学、家属随迁、住房、医疗、社保、养老等问题，将组织的温暖送到他们心坎上，解除他们的后顾之忧，让他们心无旁骛为企业建功立业。

中国铁建在管理、关怀先进典型工作中，始终坚持"以人为本"的理念，让先进典型的获得感和幸福感更加足赤，履职担当、干事创业的动能更加澎湃。以系统内中铁十六局"央企脊梁·员工榜样"先进典型评选表彰为例，该集团连续开展了 8 届评选活动，共推出先进人物（团队）100 余个，打造了强大的企业英雄谱。在管理和关怀这些先进典型上，该集团一方面组织召开隆重的颁奖晚会，通过内外部媒体融合宣传展示，让先进典型充分感受到荣誉的仪式感和幸福感。另一方面，在后续关怀上，能够保持先进的先进典型，均得到了职务升迁或享受到了相应的履职待遇。

（五）站位于"学得实"，突出精神共鸣，在学习先进典型上提升转化力

1.要把握主题、搞好宣教。要抓好企业内部学习榜样主题教育活动，例如主题宣讲会、事迹报告会、主题研讨会等，通过身边人、身边事，教育感染身边人、身边事，调动全员的主动性、积极性和创造性。要把学习先进典型事迹同学习贯彻习近平新时代中国特色社会主义思想和党的二十大精神结合起来，同开展党内集中教育、加强党建思想政治工作、完成年度任务指标结合起来，通过入心入脑宣教，全面推广先进典型好经验，推动各项工作不断迈上新台阶。

2. 要感悟精神、坚定信念。要教育引导全体党员、干部和职工主动提升学习自觉，无论是全国先进典型，还是中央企业的先进典型，岗位虽然不同，但都有自己的责任担当和信念操守。要教育引导干部职工切实走进先进典型的内心去感悟他们的大爱境界和高洁灵魂，从中汲取深沉厚重的精神力量、道德力量，坚守走正道走大道的信念，不断锤炼个人的政治品格、道德品质、作风形象。

3. 要知行合一、笃行实干。要教育引导干部职工自觉用先进典型的高尚品格和优良作风作标尺，把先进典型的崇高精神和优良作风内化于心，全方位检视自己，时时打扫思想上的灰尘，校准行为上的偏差，真正做到躬身入局、见贤思齐、知行合一，不当旁观者、评论家，不断提升新时代新担当新作为的实践自觉。

以中国铁建为例，公司聚焦先进典型感染人、鼓舞人、凝聚人、塑造人的目标，通过组织座谈会、宣讲会、道德讲堂等方式掀起向榜样对标看齐的学习热潮，教育激励干部职工深刻领会先进典型的精神内涵，以先进为榜样、为旗帜，见贤思齐、奋勇争先。同时，积极搭乘新媒体快车，制作了大批微电影、短视频、原创歌曲 MV、公益广告等作品，企业"两微一抖"、红色教育基地等新载体集体发力，让先进典型宣讲教育可视化、艺术化、形象化，起到了春风化雨、润物无声的教育效果，凝聚了磅礴进取的正能量。

进入新时代，随着对中央企业加强党的建设，特别是对加强和改进思想政治工作的要求进一步提高，先进典型选树工作提质增效的重要性也越发凸显。中央企业要深入学习贯彻习近平新时代中国特色社会主义思想，在探索和实践中不断加强理念创新、手段创新、基层工作创新，持续挖掘、扩容、提炼各行各业中的先进典型"富矿"，为做强做优做大实现高质量发展、推进中国式现代化进程提供源源不断的榜样力量。

推荐单位：中国铁建政研会

作　　者：刘志强　聂存毅　刘永利

以青年宣教模式赋能中央企业
"大宣教"效能研究

一、青年宣教模式的研究背景和研究意义

（一）研究背景

习近平总书记在党的二十大报告中指出："青年强，则国家强。当代中国青年生逢其时，施展才干的舞台无比广阔，实现梦想的前景无比光明。全党要把青年工作作为战略性工作来抓，用党的科学理论武装青年，用党的初心使命感召青年，做青年朋友的知心人、青年工作的热心人、青年群众的引路人。"

青年思想引领已经成为关乎国家发展、民族复兴的重要课题。但是，目前国内针对青年的研究主要集中在二次元、消费群体、社交媒体、移动互联网、亚文化等主题，对有关青年的学理研究尚处于起步阶段，对青年宣教工作开展的研究较少、缺少实践论证、不够系统化，较难指导实践工作。

（二）研究意义

青年是未来的建设者，创造美好世界的实践者。本课题深入学习贯彻习近平总书记关于青年工作的重要论述，基于青年群体开展调查研究。做好青年宣教工作是一个长期性、系统性的战略工程，是一项功在当代、利在千秋的政治任务。基于以上立题，我们以35岁以下中建青年，特别是1995年以后出生的"Z世代"青年群体为重点研究对象，旨在通过研究青年特点，总结中建"大宣教"经验做法，以点带面，对青年宣教工作提出对策建议，进一步构建面向青少年群体的大宣教格局。

二、青年宣教工作的新特点、新规律研究

（一）研究方法

为及时、准确、全面了解中国建筑集团（以下简称"中建集团"）青年思想动态和发展状况，牢牢掌握青年意识形态工作的领导权、主动权，不断提高青年思想引领和服务青年成长成才的针对性、实效性，课题立足中建青年实际，历时近一年开展调查研究，对青年新特征、新规律进行冷静的思考、辩证的分析、恰切的理解，深入青年的生活世界和内心世界，对他们的思想、行为和心态作出更为细致深入的分析。

中建集团现有35岁以下青年职工27.8万人，共青团员11.3万人，分别占职工总数的73.2%、29.7%。调研采取"线上问卷调研＋线下抽样访谈"的调查方式，以及"文献分析法＋客观与

逻辑相统一的方法＋实践论证法"分析方式，调研覆盖青年总数的 56.6%，其中 30 岁以下员工占 79.3%，本科及以上学历员工占 78.44%，基层项目员工占 80.3%，境外青年占比 17.7%，实现对调研主体、调研重点的全覆盖。

（二）特征分析

课题根据不同岗位、年龄、性别、学历等要素，分级分类对比分析收集到的近 700 万个数据，围绕青年思想、工作、学习、生活 4 个大类，青年员工最关心的薪酬、休假、住房、婚恋、职业发展等 12 大项，分析得出 120 余个分析结果，对中建青年特征予以多角度、全方位分析，进行群体画像。

特征 1：情怀。大多数青年关心国家大事。调研中，参与过国家重大工程建设的青年认为，一生能够参与重点工程、为国家作贡献，感觉非常自豪。但同时发现，青年对于企业发展、企业文化的了解有待加强，归属感有待加强。

特征 2：担当。新时代青年是值得托付的一代。但在快节奏的工作和生活中，面临经济增速放缓、高房价、"内卷"等压力，青年在工作中往往耐性不足，容易出现急躁情绪，重视结果而忽视过程，急于得到认可和回报，存在一定的急于求成现象。

特征 3：追梦。80% 以上的青年员工表示有明确的奋斗目标，拥有 3 年以上的职业发展规划。但也存在一定程度的未来焦虑，倾向于不断寻找更大、更适合自己需求的平台。

特征 4：感性。青年希望获得被肯定、被尊重的学习平台，更为快乐、公平的工作环境。但习惯性焦虑也已经成为当下青年的重要特征，导致"躺平""佛""丧"成为自我消解的代名词，直接影响青年员工对企业的满意度和归属感。

特征 5：好学。青年善于接受新鲜事物，习惯以灵活、新颖的方式去学习工作。七成以上的青年表示更喜欢去知乎、B 站等平台获取信息，近九成的青年表示更喜欢短视频宣传方式，但在青年广泛关注的平台上，企业声量和吸引力有待进一步增强，宣教路径有待进一步拓展。

特征 6：真实。青年一代个性张扬、思想独立、追求自由，更善于通过各种途径表达自己的观点。但青年人特别是"Z 世代"，有时过于追求个性发展，更强调自我价值，也使得一些青年受不得批评、经不起挫折，容易产生过激行为。

（三）问题不足

作为活跃在互联网和 5G"信息海洋"的青年，他们在心理、思想、行为发展方面的变动性、多样性甚至逆反性，往往也会被某些非主流甚至反主流的社会思潮所俘获。面对世界百年未有之大变局，面对国内外发展环境发生的深刻复杂变化，青年宣教工作还存在一定的问题和不足：由于在一定程度上对新时代青年群体的新特点、新规律把握不够精准等原因，导致青年宣教工作不够系统、不成体系，工作举措不够创新，覆盖范围不够全，针对性不够强等问题。这就给我们提出一个重要课题：在新时代新形势下，坚持问题导向，切实做好青年宣教工作，有针对性地提出更好服务青年成长成才、引导青年员工更好发挥生力军和突击队作用的实践路径、启示思考和有效举措，从而更好应对各类负面社会思潮对青年的分化效应，凝聚和整合青年群体。

三、"建证未来"青少年大宣教工作模型创建与实践

课题从对谁宣教、宣教什么、怎么宣教的研究角度出发，形成面向海内外青年群体的"1546+N"大宣教工作体系，通过开展"建证未来·青春启航"计划、"建证未来·青春领航"计划、"建证未来·青春护航"计划和"建证未来·青春远航"计划，打造"建证未来"青年"大宣教"模型，助力构建多元化"大宣教"工作新格局，以青年宣教模式赋能"大宣教"效能。

（一）立足"一个总目标"

课题立足青年宣教工作，对内引导中建青年汲取精神力量，激发创新活力，凝聚奋进力量，对外带动更多中国青年拥护党的领导，深刻认识新时代中国发展成就，增强爱党爱国爱企情怀，实现关系连接和情感共振。带动境外青年群体，在文明交流互鉴中看到一个真实、立体、全面的中国。

（二）把握"五个原则"

做好青年宣教工作，要坚持正确政治方向，坚持党的领导的原则；要引导青年自觉投身党和国家发展大局，坚持服务大局的原则；要帮助青年解决好操心事、烦心事，坚持立足实际的原则；要用青年易于接受、喜闻乐见的方式吸引青年、打动青年，坚持因材施教的原则；要用真情付出换得青年们的认同和支持，坚持以情化人的原则。

（三）聚焦"四类受众"

1. 聚焦中建青年。重点面向 27.8 万名中建青年，包括 3.2 万名境外青年，以及数十万名青年产业工人开展宣传教育工作，宣贯党的创新理论。

2. 聚焦大中小学生。推进社会主义现代化国家建设伟大进程中的中建作为走进大中小学生，推动中建故事进教材、进课堂、进校园，走进广大青少年群体。

3. 聚焦青年意见领袖。对青年来说，意见领袖比知名人士更受欢迎，他们也愿意为所支持的意见领袖付出。通过"借嘴说话"，推动青年宣教进一步走深走实。

4. 走进境外青年群体。进一步推进中建故事"走出去"，在公益志愿、创新创造、绿色低碳，以及助力当地经济社会发展等方面，

开展"建证美好时代"开放日，邀请外国媒体团走进中国建筑

提升境外"Z世代"青年群体对中国的价值认同和情感认同。

（四）讲好"六类故事"

根据因材施教的原则，针对不同青年群体，设置不同的故事内容，有针对性地讲好新时代中国发展的故事、新时代中国企业的故事、新时代中国青年的故事、中国文化的故事、中国精神的故事和人类命运共同体的故事，构建起内容相互交叉、形式各具特色的青年宣教素材库。

（五）基于"四大方面"开展N系列做法

按照中建集团"建证未来"青年精神素养提升工程安排部署，建立覆盖农民工青年和境外青年的青年精神素养提升"13511"工作体系，即坚持1个目标、3项原则，通过5个阶段，扎实推进11项具体任务，在全系统开展"建证未来"青年精神素养提升工程，覆盖1.3万个海内外项目。

1. 实施"建证未来·青春启航"计划，以"融合性"青年融媒宣教模式，提升青年宣教创新力。打造一批沉浸式教育场所，命名15个"建证未来"青年精神素养提升基地。打造一系列青年宣教融媒体矩阵，2022年发稿524期，累计阅读量330万人次，粉丝量达19万。建立一批宣讲队伍，开展青年示范宣讲，依托中宣部全国基层理论宣讲优秀集体——"建证力量"青年宣讲团，深入10余个城市，走进基层了企业及项目部，参加主题宣讲，560余万名网友在中央主流媒体平台观看直播，覆盖受众上亿人次。融媒宣讲作品《你好，中建青年》荣获2022年中宣部全国优秀理论宣讲微视频。

开展"信·建证——我们的四十年"主题宣讲

2. 实施"建证未来·青春领航"计划，以"协同性"典型示范宣教模式，提升青年宣教示范力。启动新时代中建青年马克思主义"一十百千万"工程，推动马克思主义引领青年思想，深入实施"七个一百"青马实践项目，构建覆盖主营业务、重点岗位、重大工程等领域青年拔尖人才的分层分类分级培养体系，建立"青马"人才库。持续推进青年创新创效，组织开展青年设计师大赛、安全讲师大赛等青年岗位练兵活动，累计1000余项青年创新成果在实践中应用，以创新青年活动激发青年活力。持续推动青年选树宣传，截至目前，已推荐获评国家级团青荣誉390余项，1名青年推荐为党的二十大代表，1名青年推荐为全国人大代表，3个集体（个人）推荐为"央企楷模"，1名员工推荐为全国"最美职工"。

3. 实施"建证未来·青春护航"计划，以"众创性"青年思想宣教模式，提升青年宣教引领力。全面推进思政课建设，推进30

余期中建青年思政课进教材、进课堂、进校园。火神山、雷神山医院事迹入选中组部党员教育读物、教育部"大思政课"高校本科教材《思想道德与法治》和《新时代的中国青年》白皮书；中建青年走进高校，担任学生指导员，为青少年讲述火神山、雷神山建设的故事；参加《开学第一课》，面向全体中小学生，讲述青春冬奥故事，全网传播近20亿点击量。《跟着习主席看世界》等5部思政课获全网推送，《沙漠中的新梦想》等7部思政课入选团中央、全国少工委"云队课"。联合清华大学社科学院启动"建证未来·青春护航"行动，开展青年思想发展状况调研，帮助广大青年办好事、解难事，进一步深化"我为青年办实事"主题实践。

4.实施"建证未来·青春远航"计划，以"对话性"海外传播模式，提升青年宣教工作影响力。开展主题开放日，近年来，在亚、欧、非、美、大洋洲的160多座城市举办了340多场开放日，邀请境外"Z世代"走进中建项目实地参观数万人次，融媒传播触达受

《我的爸爸在非洲》云队课在海内外大受欢迎

众超 6.6 亿人次。打造海外青年网红，在马来西亚打造网红工程师哈曼达，已收获全球百万建筑粉丝。中建埃及 CBD 项目属地青年员工拉妮姆·梅尔讲述她眼中的中建、中国的融媒作品，在外交部、外交部发言人办公室官方微信发布，被多位外交部发言人海外社交平台转发。打造系列传播作品，《我的爸爸在非洲》在人民日报海外版、CGTN 全平台等中央媒体转发，播放量破百万次，成为团中央、全国少工委开展少先队外宣工作的一次成功探索。

四、工作启示和对策建议

坚持正确政治方向，是青年宣教工作"能够做对"的重要原则；服务中心大局、助力党和国家事业发展，是判断新时代青年宣教工作"是否做好"的重要标准；坚持问题导向，正确认识、分析和理解青年，是新时代青年宣教工作"落到实处"的重要前提；坚持守正创新，充分用好元宇宙虚拟空间、VR、AR、AI 等青年喜闻乐见的新技术、新手段，以青年视角，让青年听得懂、听得进、喜欢听，是新时代青年宣教工作"做优做新"的有效举措；建立党组织统一领导、党政齐抓共管、宣传部门和共青团组织协调、其他部门分工负责、全体青年共同参与的工作格局，是新时代青年宣教工作实现"横向到边、纵向到底"全覆盖的必要条件。

青年是未来的建设者，创造美好世界的实践者。中国企业在开展面向青年的宣教时，要改变以我为主、单向灌输式宣教的方式，充分贴近青年所思所想，坚持真实性、贴近性、共鸣性的传播原则，建立多元逻辑、多元共生、多元共识的青年话语方式，建构适合、适度、适时的青年话语表达体系，不断提升在青年中的话语影响力。

（一）"新声新语"营造话语共通性

不同青年受众群体有着不同的特点，网络表达方式和习惯也不尽相同，要深入分析青年网络表达背后的深层社会、文化及群体动因。中国企业应聚焦青年身份多元化，从他们关心关注的视角切入，以他们的身份、话语方式创新开展宣教工作。

（二）"童心童趣"营造情感共通性

相对于理性传播而言，情感传播是直指人心的传播活动，青年宣教更应注重深入人心。中国企业应采用青年容易理解和接受的方式，开展沉浸式、情感式、互动式宣教，多层次、多角度、多方位讲好中国故事、中国企业故事、中国青年故事。

（三）"青情青愿"营造价值共通性

青年的价值观、世界观尚在形成之中。中国企业面向青年开展宣教，要超越单纯的信息传达层面，不断适应青年话语体系，创造多元、多触点传播场景，建构线上线下的多元传播场景，使传达内容与企业品牌文化、社会主义核心价值观达成一致，找到共同的精神内涵，形成青年宣教共振场域，构建面向青年的"大宣教"格局。

推荐单位：中国建筑集团政研会

作　　者：周　静　吴　琦　李　强

发挥塞罕坝典型示范引领作用的
调查与思考

一、研究背景与概况

塞罕坝机械林场先进群体是河北省委、承德市委长期关注和培育的先进典型，多年来，省委、市委对塞罕坝先进典型持续予以精心培育、深入挖掘，逐步将其培树成为"时代楷模""全国脱贫攻坚楷模""地球卫士奖""土地生命奖"。2017 年，习近平总书记对河北塞罕坝林场建设者感人事迹作出重要指示指出，塞罕坝林场的建设者们听从党的召唤，在"黄沙遮天日，飞鸟无栖树"的荒漠沙地上艰苦奋斗、甘于奉献，创造了荒原变林海的人间奇迹，用实际行动诠释了绿水青山就是金山银山的理念，铸就了牢记使命、艰苦创业、绿色发展的塞罕坝精神。他们的事迹感人至深，是推进生态文明建设的一个生动范例；2021 年，习近平总书记考察了塞罕坝机械林场，明确指出要传承好塞罕坝精神。

如何发挥塞罕坝典型示范引领作用，在加快建设高质量发展的

"生态强市、魅力承德"中全面提振干部群众精神气，把绿色经济和生态文明发展好，让绿水青山变成金山银山？经过深入基层调研走访、组织问卷调查、召开专题座谈会等形式，认真梳理总结近年来承德市大力弘扬塞罕坝精神取得的可喜成果，查找剖析存在的问题短板，提出针对性意见建议，持续坚持以塞罕坝精神为引领，汇聚干事创业的持久动力，让"榜样引领时代""奋斗成就梦想"的思想观念在承德大地遍地开花、结成累累硕果。

二、主要做法和成效

近年来，承德市充分发挥塞罕坝典型示范引领作用，大力弘扬塞罕坝精神，积极践行"两山"理论，坚决扛起"生态支撑、水源涵养"两区建设政治责任，努力推动承德绿色发展、高质量发展。

（一）传好"接力棒"强势推动

自 2013 年 10 月，在河北省委、承德市委的推动指导下，由承德市委宣传部牵头组织相关单位，立足践行习近平生态文明思想，深入挖掘塞罕坝精神的丰富内涵和时代价值，将其作为生态文明建设重大典型重新定位，组织 20 余名精干力量狠抓培树宣传，精心策划选点、反复研究内涵，淬炼精神实质。组建市委"大力弘扬塞罕坝精神"领导小组，将打造塞罕坝重大典型作为全市宣传思想工作领域头号工程，制定印发《中共承德市委关于深入学习弘扬塞罕坝精神工作方案》，出台《中共承德市委关于开展塞罕坝机械先进群体学习活动的决定》等 10 余个规范性文件，先后赴中央、省委做专题汇报工作 10 余次，召开市级工作推进会议 50 余场次，到塞

2023年8月24日，"强国复兴有我"全省365百姓故事汇——大力弘扬塞罕坝精神专题巡讲走进承德围场

罕坝指导调研上百次，形成系列调研文章、内参稿件、专题报告等文献资料180余万字。凭借3届领导班子"一张蓝图绘到底"的执着追求，历经8年接续打磨，全市上下同频共振、齐心协力，最终将"塞罕坝机械林场"先进典型成功推向全国乃至全球。

（二）当好"排头兵"示范引领

承德始终做到把孕育发展于承德的塞罕坝生态文明范例作为一面鲜红旗帜，作为引领承德绿色发展的宝贵精神财富，坚持走在前、做在先，在全社会广泛学习和弘扬。将塞罕坝精神作为全面贯彻落实习近平总书记重要批示和视察承德重要讲话指示精神、"两学一做"、"不忘初心、牢记使命"、党史学习教育等主题教育特色亮点工作，全市干部群众开展塞罕坝实践体验活动4200余场次，持续推进塞罕坝精神植入灵魂血脉。将塞罕坝精神专题学习列入各级党委理论学习中心组专题研讨交流，纳入全市干部培训必修课和基层党组织"三会一课"，实现党员干部学习全覆盖。举办"弘扬塞罕坝精神、推进生态文明建"主题展览，组织"塞罕坝机械林场先进事迹"报告会，召开"塞罕坝林场生态文明建设范例"座谈会，开展"全国学习塞罕坝，我们怎么办""学习塞罕坝、加快走新路"大讨论活动等专题学习 560 余场次。报送的《二次创业：塞罕坝续写绿色传奇》入选中宣部《百年初心成大道——党史学习教育案例选编》，《塞罕坝机械林场重大典型选树宣传实践活动》入选中宣部全国宣传干部培训案例。推出"塞罕坝机械林场夫妻望海楼瞭望员群体"等"新时代承德榜样"30 个，涌现出"全国绿化模范"吴志勇等重大先进典型 40 余个，全市干部群众传承塞罕坝精神，赓续红色基因，坚持绿色发展的理念更加坚定。

（三）打好"组合拳"浓厚氛围

多角度、全方位、立体化的大宣传格局是塞罕坝先进典型深远影响的关键一环。坚持内宣外宣齐发力，网上网下共推进，打好舆论宣传"组合拳"。自 2013 年起，承德市委立足全力推出生态文明

承德市检察院到塞罕坝展览馆举行入党宣誓仪式

建设重大典型，邀请《人民日报》《光明日报》等中央媒体撰写《从一棵树的莽莽荒漠到百万亩的人工绿海——河北塞罕坝林场靠艰苦奋斗屡创奇迹》重头稿件。2014年、2017年和2021年，承德市3次打响了内宣外宣统筹宣传战役，累计在人民日报、新华社、中央广播电视总台等央媒省媒刊发重头稿件1600余篇，推出动态消息、回访报道、反响报道、制作新媒体产品390余个，刊发头条30余个、新闻整版40余个、专版62个，文字突破4600余万字。特别是2021年8月，习近平总书记视察承德以后，中央、省市媒体联动，播发稿件480余篇，新媒体作品130余篇，阅读量超过5.26亿次。全市出版《塞罕坝精神风采录》《塞罕坝之魂》等读物5万余册，创排电视剧《最美的青春》《最美的乡村》、音乐会《绿色交响》、话剧《塞罕长歌》、原创歌舞剧《情系塞罕坝》等文艺精品300余种，有力推动了塞罕坝典型宣传形成强大声势，产生深远影响。

（四）奏好"主旋律"绿色发展

塞罕坝精神作为中国共产党人精神谱系组成部分，已成为全市干部群众践行习近平生态文明思想的强大精神动力，作为加强生态文明建设、引领承德高质量发展的鲜明底色和牢固基石，探索出独具承德特色的"生态优先、绿色发展"之路。深入开展"蓝天、碧水、净土"保卫战。截至2022年5月16日，全市PM$_{2.5}$平均浓度为27μg/m³，同比下降22.9%，优良天数123天，环境空气质量保持全省前列；投资98.28亿元，实施重点项目107项，全市229条7328公里主要河流重点区域监控实现全覆盖，国、省考断面水质达标率和优良率均保持100%，水环境质量保持全省最优；强化固废危废全链条全环节监控，土地安全利用率达到100%，加强国土空间管控，统筹好生态布局、产业布局和城镇布局。全市有林地面积达到 3650 余万亩，森林覆盖率提升到 60.03%。聚焦国家"双碳"目标和能源变革，全市大力实施"3+3"绿色主导产业，绿色产业增加值占 GDP 的比重达到 50%。清洁能源产业向"风光储氢"方向发展，全市清洁能源电力总装机量达到 757.52 万千瓦，世界最大的抽水蓄能电站丰宁抽水蓄能电站首台 30 万千瓦机组发电服务北京冬奥会。依托塞罕坝生态开发集团，实现碳汇交易 1200 万元。兴隆县、滦平县分别获得国家生态文明建设示范区，围场县、隆化县获评"两山"实践创新基地，成为全省获评最多地区。塞罕坝精神学习成果转化为加快建设高质量发展的"生态强市、魅力承德"的实践成果取得了阶段性成效。

三、现状和存在问题

经过近年来的学习宣传和持续弘扬，承德大力弘扬塞罕坝精神走在了全省全国的前列，但通过实地走访调研和调查问卷分析看，还存在着一些问题和短板。

（一）"凉"与"热"的宣传力度不均

调研显示，省内人员特别是本市人员对塞罕坝精神的知晓率达到 96.01%，远远高于省外人员 45.8% 的了解程度；单位人员知晓率明显高于自由职业者近 20 个百分点；对塞罕坝精神"绿色发展"的知晓率也远远高于"牢记使命、艰苦创业"部分。这充分表明，我们在宣传力度、宣传地域和宣传内容上还存在着很大的提升空间。将塞罕坝精神推向全国，特别是南方地区、沿海地区，辐射自由职业、覆盖非公职人员，深度完整宣传阐释塞罕坝精神 12 个字的深刻内涵。

（二）"大"与"小"的教育覆盖不全

从年龄结构看，塞罕坝这一先进典型在 30—50 岁年龄段了解知晓率最高，占到 78% 以上，在 10—19 岁青少年的知晓率明显不足，只有 12.03%。从政治面貌来看，党员干部知晓率超过了 96%，远远高于非党员、非在职人员。这组数据表明，近年来在市委的大力倡导和推动下，在党员干部、成年人中持续开展塞罕坝精神学习宣传成果显著，党员干部绿色发展理念逐步形成，成年人对塞罕坝精神的学习理解也初见成效。但对于基层群众和青少年这个年龄段，还存在极大空缺，需要我们进一步创新学习宣传手段，拓展覆盖面。

（三）"新"与"旧"的创新机制不够

调研中，大家对塞罕坝涌现出的典型人物、典型集体了解知晓

党员干部在塞罕坝尚海林开展重温入党誓词活动

主要集中在王尚海、夫妻"望海楼"、"六女上坝"等塞罕坝原有老典型上；对新时代涌现的典型，大家了解知晓的不多。在对策建议中，38.75%的人都提出了要学习塞罕坝精神，深入挖掘选树更多为绿色发展作贡献、践行绿色发展理念的先进典型和先进集体。另有14.05%的人提出了现有宣传手段、宣传载体、宣传内容还比较陈旧单一，抖音、快手等网络新媒体运用和新媒体产品不足，吸引年轻人关注的新产品、有体验感的新项目都存在很大提升空间。

（四）"知"与"行"的转化应用不足

在调研走访承德市学习塞罕坝效果时，我们发现，有95.59%的参与者认为承德市在这方面成效显著，95.45%的人通过媒体宣传、专题学习等方式学习了塞罕坝精神。但在学习塞罕坝形成的实践成果一项中，数据显示，81.25%的受访者认为学习塞罕坝的实践成果转化存在着不足，为承德经济社会带来的推动力度还需加大，提出了打造塞罕坝区域公用品牌，正确处理环境与发展之间的关系，加大生态产业项目的扶持力度，推进森林旅游碳汇、生态精准旅游等意见建议。学习塞罕坝精神，并将其转化为生态优先、绿色发展的实际成果，实现"知行合一、学以致用"的目标，我们还有很大的提升空间。

四、发挥典型示范引领作用的对策与思考

（一）典型培树要持有"咬定青山不放松"的执着精神

"坚持就是胜利"——培树典型要打好持久战。重大典型的成

功推出，不是一朝一夕之事，离不开持之以恒的接续推动，离不开长期积累的量变到质变，典型示范引领更要有持续不断学习宣传阐释的发酵过程。塞罕坝这个重大典型，从"造林模范"到"时代楷模"再到"生态文明建设生动范例"，是盯准一个目标，一任接着一任干，全市上下同向发力、共同推进的结果。回顾塞罕坝重大典型的推出，为了撰写一份全面完整有全国学习示范作用的调研文章、事迹报告，数十位领导、专家和工作人员常常数十次蹲点塞罕坝、付出了艰辛而执着的劳动，以"咬定青山不放松"的执着奋力实现既定目标，以"行百里者半九十"的清醒不懈推进，克服种种困难，解决各种问题，以"功成不必在我，功成必定有我"的坚定毅力，最终将塞罕坝这面生态文明建设的鲜红旗帜树了起来。

（二）典型引领要形成"满园开放才是春"的聚集效应

"百花齐放才是春"——典型要有示范引领作用。以一个人带动所有人，充分发挥典型的示范引领作用，为经济社会发展树标杆、立榜样是推出重大典型的意义所在。我们典型选树宣传要有"可学习性、可借鉴性、可复制性"。塞罕坝重大典型的成功宣传推出，紧密结合了习近平总书记关于承德发展定位的重要论述，为全市经济发展转型升级找到了学习目标、工作方向。在塞罕坝精神的引领下，承德大力发展绿色产业、谋划生态项目、推进可持续发展，坚定不移走"生态优先、绿色发展"的新路子。塞罕坝精神在全国也大放异彩，学习塞罕坝，推进生态文明建设的氛围日益浓厚。在全球气候变化的大背景下，塞罕坝典型的推出还向全世界诠释了"美丽中国"，为全球应对气候变化、实现生态保护、绿色发展和民生改善的良性循环目标提供了生态文明建设的中国样本。

塞罕坝机械林场月亮山夫妻望海楼（摄影　王龙）

（三）典型建设要实现"而今迈步从头越"的创新能力

"时代感彰显主旋律"——典型要有鲜明的时代性。典型是时代的旗帜，任何典型都离不开特定的时代背景，不同时代具有不同时代的特点。重大典型宣传必须富有鲜明的时代特色，反映时代发展的规律，塞罕坝这个典型的宣传实质上就是对时代精神的诠释。作为典型来宣传，能不能成功地宣传出去、立不立得住，有没有时代特色和震撼力、能不能产生心理共振是前提。在深入学习贯彻习近平生态文明思想、加强生态文明建设，实现中华民族伟大复兴中国梦的时代背景下，深入宣传塞罕坝人历经 60 年艰苦创业、执着追求，共圆生态梦的先进事迹和他们身上所体现出来的艰苦创业、迎难而上的拼搏精神，大力唱响"生态文明建设是关系中华民族永续发展的根本大计""构建人类命运共同体"的时代主旋律，正是契合了加强生态文明建设的需要，把握了时代的脉搏，与时代需求同频共振、紧扣时代主题，更好地发挥了典型的时代示范导向作用。

（四）典型影响要具有"风物长宜放眼量"的全球视野

"酒香也怕巷子深"——典型要加强宣传。好的典型事迹只有通过恰当的宣传形式才能深入人心。只有不断创新典型宣传的形式和方法，才能更好地适应时代发展的需要，不断扩大典型的社会影响。自媒体时代，信息在以秒为单位快速更新，可供受众阅读的信息量也是多得以海量计算，传播信息的载体更是呈几何倍数增长。塞罕坝的事迹令人震撼、令人感动、令人敬佩，在他们的身上集中体现了中国共产党人不忘初心、牢记使命的为民情怀，彰显了艰苦奋斗、甘于奉献的崇高品质，充分反映了通过不懈努力，绿色发展、改善环境的时代要求。为此，对塞罕坝这个重大典型，我们始终坚持做强做优做大宣传，主动对接跑办中央、省级重大媒体，充分发挥平面媒体、影视媒体、网络媒体各自的特点和优势，综合灵活运用报刊、电视、文艺、广播、电影等多种表现形式，使其更具有吸引力、亲和力、影响力，从而形成了全方位、大规模、立体化的宣传格局。

推荐单位：河北省政研会

作　　者：王亚君　邱亚民　房兴利

打造思政品牌　推动基层思想政治工作高质量发展探索研究

上海市政研会于 2022 年下半年开展"品牌赋能基层思想政治工作高质量发展"的课题调研。课题组系统梳理全市基层思想政治工作品牌创建的探索实践，开展基层思想政治工作品牌创建案例评选活动，通过专家评估提炼出品牌培育、打造、赋能的路径方式，形成本调研报告。

一、上海品牌赋能基层思想政治工作高质量发展的现实背景

（一）党中央、国务院的重要精神落地落实

2021 年 4 月，中共中央、国务院印发《关于新时代加强和改进思想政治工作的意见》。2022 年，上海市委制订《关于新时代加强和改进思想政治工作的实施方案》，制定思想政治工作责任清单，

推动新时代思想政治工作落地落实。党中央、国务院的新要求，推动思想政治工作全面发展，为基层思想政治工作品牌建设、品牌赋能基层思想政治工作提供了强大动力。

（二）全市思想政治工作品牌创建成果丰硕

党的十八大以后，上海思想政治工作进入品牌创建发展阶段。在市级层面，由市思想政治工作研究会主导打造"企业创新文化品牌""企业文化建设示范基地""人文关怀心理服务示范点"三大品牌；由市教委主导打造高校"思政课"品牌。在区级层面，由区委及区委宣传部主导打造"思政品牌群"。2022年年中，市委宣传部评审出优秀思想政治工作品牌60个。

（三）基层思想政治工作守正创新的客观需求

党的二十大报告提出一系列新理念、新思想、新战略、新举

"初心讲堂"《打造"希望之城"——对话市第十二次党代会代表》以"三人谈"形式在中共四大纪念馆举行

措，为基层思想政治工作守正创新高质量发展指明了方向，如：要把马克思主义思想精髓同中华优秀传统文化精华贯通起来、同人民群众日用而不觉的共同价值观念融通起来，夯实马克思主义中国化时代化的历史基础和群众基础，等等。

二、上海品牌赋能基层思想政治工作高质量发展的探索实践

（一）以习近平新时代中国特色社会主义思想引领品牌赋能工作

1. 引领高校课程思政体系构建。如复旦大学连续出台《课程思政体系建设实施方案》《课程思政攻坚行动计划实施方案》《全面深入推进课程思政建设的实施方案》；制定《课程思政建设工作细则》，建立教学单位及任课教师课程思政建设责任制等，成为全国教育系统思政改革"领航校"："课程思政教育教学改革"获高等教育国家级教学成果奖一等奖；2021年，复旦大学3门课程及团队入选教育部首批课程思政示范项目；与新华网合作推出"复旦大学课程思政名师大讲堂"首批9期直播，逾400万人次观看。

2. 引领城区思想政治工作创新。如虹口区贯彻习近平总书记关于"'大思政课'我们要善用之，一定要跟现实结合起来""思政课不仅应该在课堂上讲，也应该在社会生活中来讲"等重要指示，在党史教育中依托被习近平总书记誉为"文化三地（海派文化发祥地、先进文化策源地、文化名人聚集地）"的虹口城区资源，打造全域"大思政课"，形成"十百千万""大思政课"新格局，即推出十条

"大思政课"学习体验线路，建设百个"大思政课"学习体验场景，培育百名"大思政课"红色传讲人，讲好千场思政课，实现万众受教育，推动虹口区成为学习贯彻习近平新时代中国特色社会主义思想的生动实践地和重要育人园。

3. 引领国企思政阵地建设。如上海中心大厦党委贯彻落实习近平总书记考察上海中心党群服务中心时的重要讲话精神，以思想政治工作引领推进楼宇经济治理、社会治理、城市治理，打造"金领驿站"党建品牌、"云端党旗红"思政品牌、"金牌楼小二"营商环境服务品牌，把22楼党群服务中心建成楼宇党建成果示范区、改革开放成果展示区、超高层建筑教学区，年均安排活动500多场，成为楼宇党建思政阵地"网红打卡点"。

（二）以基层思想政治工作创新成果丰富赋能资源

1. 打造社区思政创新项目。如杨浦区委传承"四个百年（百年工业、百年大学、百年工运、百年市政）"红色基因，发挥"三区（公共社区、大学校区、科技园区）"党建联建优势，依托哔哩哔哩等互联网企业平台，打造"大家微讲堂"思政创新项目，5年来线上累计获得810万直（点）播量。"大家微讲堂"被评为"上海市大调研年度最关注的十大调研案例"、"改革开放40周年上海思想政治工作创新成果卓越品牌"、"百优庆百年"上海城市基层党建创新优秀案例。

2. 打造群团思政创新项目。如市总工会成立"劳模讲党史"宣讲团，黄宝妹、包起帆、吴尔愉、王曙群、徐敏、陈爱华、朱雪芹等著名全国劳模走进企业、社区和学校，讲党史的故事、自己的故事、时代的故事。区和行业工会依托职工直播课堂、职工书屋大讲堂等线上直播平台举办红色专题宣讲，打造职工群众易于接受、乐于参与的党史教育新载体，全市60余家区局（产业）工会累计开展226场劳模宣讲，线上线下受众541.55万人次。

3.打造理论宣讲创新项目。如松江区委宣传部秉持"让马克思主义掌握群众，让群众掌握马克思主义"理念，着力构建具有松江特色的基层理论宣讲矩阵：围绕"思想伟力·云间故事"主题，分别打造"松江三人行""青年说""三大讲习堂系列"等区级理论宣讲品牌，在理论宣讲品牌引领下，全区形成领导干部"带头讲"、高校师生"出校讲"、先模人物"现身讲"、草根名嘴"线上讲"的宣讲声势，推动党的创新理论武装工作创新发展。

（三）以基层思想政治工作特点亮点彰显赋能特色

1.彰显社区思政赋能特色。如嘉定外冈镇党委把老党员、老干部、老教师、老医生、老工人等组织起来，打响极具乡镇特色的"老大人"（是嘉定农村对长者的尊称，指阅历丰富、热心公益、办事公道的老人）思政品牌，通过构建外冈镇老大人社区治理促进中心、老大人工作室、老大人工作站三级思政教育体系，培育"资政老大人""贤达老大人""督查老大人""慈善老大人""平安老大人""调解老大人""文化老人人""环保老大人"等社区治理人才。精选103条"老大人"嘉言懿行汇编成《"老大人"家训集》；在"老大人工作站""坐诊"调解邻里矛盾，累计调解纠纷千余起；"老大人"带头接种疫苗，为老年群众科普疫苗接种重要性安全性；成立"外冈老大人聚贤堂"。

2.彰显领域思政赋能特色。如徐汇区委统战部打造统战领域思政工作品牌——"梧桐树下说'吾同'"，以传播巴金、林巧稚等一批党外知识分子先贤前辈"与党同心同行"的故事为主线，通过编印《先贤——梧桐树下觅足音》口袋书、开发"汇同舟·百年人文回眸"教学路、制作《老洋房里的历史故事》短视频、搭建"汇智讲堂"党外知识分子发声平台等，凝聚起全区 3000 多位党外知识分子参政议政、服务民众的磅礴力量，2020 年以来收到党外知识分子撰写的社情民意近 2400 篇。

3. 彰显红色思政赋能特色。如中共一大纪念馆党委弘扬伟大建党精神，推出"'百物进百校，百讲证百年'——中共一大纪念馆百件文物藏品进课堂"活动，项目以"四个 100"模式运作，即进 100 家学校，覆盖各学段学生；展 100 件革命文物，全部首次公开亮相；讲 100 个红色故事，由红色革命文物讲师团创作讲述文物背后的故事；上 100 节思政课，让学生把握革命文物显现的初心使命、理想信念和红色血脉。该项活动受到社会强烈关注，中央广播电视总台《新闻联播》作了报道，全媒体报道累计 500 余次、相关宣传文章近千篇，触达人数过亿。

（四）以基层思想政治工作机制保障实现赋能目标

1. 用行动方案保障。如奉贤区委制订实施《奉贤区"美育工程"三年行动计划（2018—2020 年）》，推出"精神之美、家庭之美、行为之美、文化之美、产业之美、环境之美"六大行动，调动全区各行各业、社区家庭参与美育实践。行动方案实施成果丰硕：100 名美育教师深入居村开展点单式授课，1400 余个美育修身阵地百花齐放，2000 余个美育社团蓬勃发展，30 余万市民参与网上修身注册培训，近 300 万人次参加各类美育修身活动；"贤园""贤苑"等市民美育修身打卡集聚地遍布全区，"文明之城·美在奉贤"

2023年2月17日，奉贤区举办"八进千讲新思想"主题宣讲进机关活动，开展沉浸式宣讲辩论赛

十大最美亮点景观脱颖而出，区文化馆群贤俱乐部8家修身基地获评上海"市民修身行动"市级示范点，"美育修身"百场公益活动6个美育项目获评上海"市民修身行动"特色项目。

2.用规划制度保障。如中国科学院微小卫星创新研究院党委自2020年以来致力于培育和弘扬"自主创新、开放融合、万众一心、追求卓越"的新时代北斗精神，成立"弘扬新时代北斗精神"青年报告团，先后举办4场"弘扬新时代北斗精神"宣讲会，30多家高等院校、几十家科研院所逾千名青年科技工作者听取报告。为打造思政特色品牌、增强全院干部职工科技自立自强的思想自觉和行动自觉，院党委一方面在临港园区建设"弘扬新时代科学家精神教育基地"，另一方面将"新时代北斗精神"贯穿卫星创新院十四五规划，确保"新时代北斗精神"赓续绵延。

3.用党建机制保障。如上海市消防救援总队传承弘扬军队战

打造思政品牌 推动基层思想政治工作高质量发展探索研究

时政治工作做法，形成"党建引领、遂行保证、平战一体、全面渗透"——"遂行重大任务政治工作创新法"，包括：做实战时组织机制，即分级成立临时党总支、党支部，制发《党建工作责任书》《指挥作战体系架构图》《临时党组织示意图》；党员先锋模范作用发挥机制，即安保有誓师、出征有动员、任务有命令、请战有签名，讲清上级决心意图、职责使命任务、纪律作风要求；先进人物激励机制，即实时表扬、先锋表彰、宣读嘉奖令、评选"爱民之星""排涝尖兵"等；研发多功能宣传车，用好主流媒体资源，讲好消防民生故事，展示"火焰蓝"良好形象；出台《重大任务期间纪律监督工作实施办法》《遂行进博会安保"十七条纪律"》等，成立政治督察组一线督战，确保指战员零伤亡、零事故、零感染。

（五）以基层思想政治工作能力建设提升赋能质量

1. 提升思想政治工作者的能力。如青浦区教育工作党委以提升思政队伍素质、提高思政工作品质为目标，全力加强思政教师能力建设，包括：注重发挥各教学单位主要领导率先垂范作用，推动教育系统党组织书记、校长深入课堂，带头上好思政课，党史学习教育期间开设校级干部以上讲座300多场次；与上海交大等6所高校一体化设计思政教师培训内容、路径、评价体系和教研制度，根据实际情况分层次开展思政教师区域性培训研修；区教师进修学院研修中心搭建平台，开设面向全体思政教师的专题研修班；打造专兼职讲师队伍，邀请党政领导干部、高校马院、党校专家学者、本区先进典型、"五老"代表等走进"'上善'思政大讲堂"；实施新一轮"提升课程领导力"项目，研发4册《青浦区中小学（幼）学科教学指南》，打造200多节覆盖各学科各学段的学科德育精品课；

发布青浦区百门"中国系列"党史学习教育课程，推出由 78 个经典方案构成的"上善"社会实践指南等。

2. 提升战"疫"思政创新的能力。如华山医院党委积极探索将医护抗疫叙事融入思政工作，打造《华山人抗疫日记》"日更"品牌，每日刊载 4—5 篇华山人一线抗疫故事及所思所悟，共计发行 52 期，发表新闻、日记等各类作品近 200 篇，全方位、多维度、立体式呈现抗疫叙事全景，形成 350 余份叙事文本，彰显医院党员干部和医务人员在武汉抗疫阻击战和大上海保卫战中的价值理念和精神世界，忠实记录了华山人践行"人民至上、生命至上"的庄严承诺。

3. 提升培育家国情怀的能力。如虹口区委从虹口居民曾联松先生设计了五星红旗、虹口成为国旗孕育之地的实际出发，于 2019 年起每年开展"五星红旗进万家"主题活动：命名全市唯一的"国旗广场"，每周开展升国旗仪式；每年 9—10 月结合迎国庆，开展"人人都是护旗手"活动；平时以各种形式营造"我跟国旗看上海"情景氛围。这些活动受到全区基层单位、各行各业和广大群众的支持和参与。同时，举办"为国旗而歌"主题活动，以展览、论坛、歌会等形式展现爱国主义精神；在国旗广场上举办群众歌会，开展"我和国旗在一起"合影活动。

三、思政品牌赋能基层思想政治工作高质量发展的思考建议

（一）提升政治站位，聚焦新时代思政的使命任务创建品牌

1. 聚焦"举旗帜"创建思政品牌。要高举习近平新时代中国特

色社会主义思想伟大旗帜，以深化党的创新理论武装工作为主线，打造党委理论学习中心组、党员干部理论教育培训、推动中国化时代化马克思主义进基层、用新思想引领经济社会发展等方面的思政品牌，引导基层群众追求真理、揭示真理、笃行真理，不断夯实马克思主义中国化时代化的群众基础。

2. 聚焦"聚民心"创建思政品牌。围绕以中国式现代化推进中华民族伟大复兴的鲜明主题，打造以增进民生福祉、推进共同富裕、提高生活品质、优美生态环境、维护合法权益、广开就业门路、完善社会保障、建设健康社区等聚民心的思政品牌，引导基层群众发扬斗争精神，增强志气、骨气、底气。

3. 聚焦"育新人"创建思政品牌。坚持"为党育人、为国育才"，践行"育人的根本在于立德"理念，打造用社会主义核心价值观立德树人、用中华优秀传统文化立德树人、用爱才育才引才用才的求贤若渴政策立德树人等方面的思政品牌，引导基层群众投身建设教育强国、科技强国、人才强国的实践。

4. 聚焦"兴文化"创建思政品牌。推进文化自信自强，打造践行社会主义核心价值观、传承中华优秀传统文化、弘扬革命文化红色文化、巩固壮大新时代主流思想舆论、提高全社会文明程度、繁荣发展文化事业和文化产业、增强中华文明传播力影响力等方面的思政品牌，引导基层群众提升道德水准和文明素养。

5. 聚焦"展形象"创建思政品牌。全面学习贯彻落实党的二十大精神，用各行各业各单位的新业绩新成果，打造展示学习贯彻落实习近平总书记考察上海重要讲话精神、推进习近平总书记交给上海实施的国家战略、推进社会主义国际化大都市建设等新形象的思政品牌。

（二）坚持党建引领，加强对品牌赋能基层思政工作的领导

1. 把党委重视作为思政品牌打造工作组织保证。借鉴市国资委党委评选表彰全系统"100个优秀党建品牌""100个优秀党建文化品牌"的做法，由各级党委直接抓思政品牌打造工作，如制订年度思政品牌打造计划、建设思政品牌打造工程、实行思政品牌打造责任制等。

2. 把党建引领作为思政品牌打造工作政治保证。以党的政治建设为统领，坚持思想建党和制度治党相统一，做到党建引领和思政创新相契合，如打造党建引领宣传思想工作、基层党支部创新思想政治工作、党员做好群众思想工作、红色文化融入理想信念教育工作、初心使命教育融于党内政治生活等方面的思政品牌，避免思政品牌打造工作业务化、文化化。

3. 把"久久为功"作为思政品牌打造工作战略保证。要把品牌建设纳入各单位宣传思想工作中长期规划，完善思政品牌打造工作长效机制，"一张蓝图干到底"、一任接着一任干，避免思政品牌打造工作应景化、短期化。

（三）增强创建动能，激励政工干部投入思政品牌建设事业

1. 引导基层党组织争当思政品牌创建排头兵。要加强基层党组织书记的思政素养和品牌创建等相关培训，在党委建制基层单位开展"一党委一品牌"创先争优活动，形成"在年度总结工作的时候亮品牌、在基层比学赶超的时候赛品牌、在系统经验交流的时候树品牌"的浓厚氛围。

2. 做强思想政治工作部门及政工干部队伍。要深入贯彻落实

习近平总书记关于思想政治工作部门和思想政治工作者"强起来"的重要指示精神，把能够打造打响基层思政品牌的优秀政工干部提拔到相应层次和岗位，为他们提供打造打响更高层次思政品牌提供舞台和机会。要在基层思政品牌创建事业中挖掘、发现一批精于打造、善于打响的专业技能人才。

推荐单位：上海市政研会

作　　者：上海市政研会

关于表彰中国政研会 2022 年度一、二、三类优秀研究成果和评选活动组织工作先进单位的决定

各省、自治区、直辖市和新疆生产建设兵团政研会，各全国性行业（系统）政研会：

2022 年，各地方、各行业（系统）政研会坚持以习近平新时代中国特色社会主义思想为指导，深刻领悟"两个确立"的决定性意义，增强"四个意识"、坚定"四个自信"、做到"两个维护"，围绕加强和改进思想政治工作，组织力量深入农村、社区、企业、学校、"两新"组织等基层单位，研究新情况、发现新问题、提出新建议，形成了一批有价值、有分量的研究成果。经中央宣传部领导批准，中国政研会秘书处组织开展了 2022 年度优秀研究成果评选工作，各地方、各行业（系统）政研会积极参与，推荐报送了大量研究成果。经认真评选，评选出《当前南京民营企业家思想状况调查研究》等一类优秀研究成果 20 篇、《新时代航天青年精神素养提升实践与研究》等二类优秀研究成果 30 篇、《江麓产业工人队伍建设"1+4+N"路径探索研究》等三类优秀研究成果 50 篇，评选出中国兵器工业政研会等 8 家单位为评选活动组织工

先进单位。

希望各地方、各行业（系统）政研会继续坚持以习近平新时代中国特色社会主义思想为指导，深入学习贯彻党的二十大精神和习近平总书记关于宣传思想工作的重要思想，守正创新、履职尽责，坚持问题导向、效果导向，围绕思想政治工作领域重大理论和实践问题，认真组织开展调查研究，推出更多体现时代要求、符合实践发展的优秀研究成果，并注重成果的转化运用，切实把研究成果转化为解决问题、改进工作的实际举措，促进新时代思想政治工作更加扎实有效开展，更好为党和国家中心工作服务。

附件：1. 中国政研会 2022 年度一、二、三类优秀
　　　　研究成果名单
　　　2. 中国政研会 2022 年度优秀研究成果评选
　　　　活动组织工作先进单位名单

中国政研会秘书处
2023 年 8 月 29 日

中国政研会 2022 年度
一、二、三类优秀研究成果名单

一类研究成果（20 个）

1.《当前南京民营企业家思想状况调查研究》

（江苏省政研会推荐）

2.《铁路系统构建智慧思政工作体系　推动企业高质量发展研究》

（中国铁路政研会推荐）

3.《兵器工业集团驻外员工"三导"工作实践研究》

（中国兵器工业政研会推荐）

4.《航天精神的时代内涵与弘扬实践研究》

（中国航天科工政研会推荐）

5.《卫生健康系统思想政治工作测评体系研究》

（中国卫生健康政促会推荐）

6.《发挥先进典型的示范引领作用研究》

（北京市政研会推荐）

7.《新时代金融系统推动理想信念教育常态化长效化的探索与研究》

（中国金融政研会推荐）

8.《加强企业人文关怀和心理疏导研究》

（浙江省政研会推荐）

9.《发挥"支部建在船上"优势　构建新时代远洋船舶企业思想政治工作体系研究》

（中央企业党建政研会推荐）

10.《党史学习教育常态化长效化机制研究》

（中国医药政研会推荐）

11.《重庆市九龙坡区新时代文明实践工作调研报告》

（重庆市政研会推荐）

12.《构建新时代国有企业"三全"思想政治工作格局研究》

（中国航空政研会推荐）

13.《国有企业先进精神培育研究——基于中国船舶集团的实践与探索》

（中国船舶政研会推荐）

14.《当前高校网络思想政治教育研究报告》

（贵州省政研会推荐）

15.《以"赶考讲师团"巩固强化企业干部职工团结奋斗共同思想基础的探索实践》

（中国电力政研会推荐）

16.《中央企业参与新时代文明实践中心建设研究》

（国家电网政研会推荐）

17.《中央企业充分发挥先进典型示范引领作用研究》

（中国铁建政研会推荐）

18.《以青年宣教模式赋能中央企业"大宣教"效能研究》

（中国建筑集团政研会推荐）

19.《发挥塞罕坝典型示范引领作用的调查与思考》

（河北省政研会推荐）

20.《打造思政品牌　推动基层思想政治工作高质量发展探索研究》

（上海市政研会推荐）

二类研究成果（30个）

1.《新时代航天青年精神素养提升实践与研究》

（中国航天科工政研会推荐）

2.《我为群众办实事 "四问"工作机制实践研究》

（中国兵器工业政研会推荐）

3.《高质量构建国有企业思想政治工作体系的探索与实践》

（江苏省政研会推荐）

4.《中央企业思想政治工作创新体系建设实践研究》

（中国电力政研会推荐）

5.《新时代国有企业工匠精神培育路径研究》

（中国建设政研会推荐）

6.《高校思想政治理论课改革创新研究——基于"双主体互动式"教学模式的视角》

（江苏省政研会推荐）

7.《实施"四聚"工程赋能央企高质量发展研究》

（中国电力政研会推荐）

8.《建立健全思想政治工作测评体系研究》

（中国机械政研会推荐）

9.《建立中央企业思想政治工作测评体系研究》

（中国华电集团政研会推荐）

10.《以数字化赋能红色资源保护利用工作迈上新台阶——以上海红色文化信息应用平台"红途"建设为例》

（上海市政研会推荐）

11.《我国大学生网络责任感现状、问题与建议——基于2014—2021年数据的分析》

（天津市政研会推荐）

12.《以"六位一体"文化传承工程为载体展示中车形象的实践与研究》

（中央企业党建政研会推荐）

13.《航母精神的内涵及在国有企业的实践研究》

（辽宁省政研会推荐）

14.《新时代传承发展坦赞铁路精神的实践与探索》

（中国铁建政研会推荐）

15.《传承红色基因　弘扬爱国精神　奋力打造中央企业爱国主义教育特色基地》

（中央企业党建政研会推荐）

16.《"抗大精神"对新时代思想政治工作的重要启示》

（河北省政研会推荐）

17.《大中小学心理健康教育一体化调研报告》

（吉林省政研会推荐）

18.《关于陕西省思想政治工作队伍建设工作的调研报告》

（陕西省政研会推荐）

19.《运用新媒体提升军工央企企业形象宣传力的实践与思考》

（中国船舶政研会推荐）

20.《基于新冠疫情等突发事件的职工思想动态评估研究》

（国家电网政研会推荐）

21.《把思想政治工作作为国有企业治理的重要方式研究》

（中国石油政研会推荐）

22.《区域红色文化资源赋能思政工作的路径研究》

（北京市政研会推荐）

23.《以社会主义核心价值观引领中华民族共同体意识培育研究》

（新疆维吾尔自治区政研会推荐）

24.《以系统观念构建中央企业宣传思想工作体系研究与实践》

（中国航天科技政研会推荐）

25.《网络空间意识形态多主体协同治理：时代趋向、困境与路径》

（山西省政研会推荐）

26.《湖北高校"大思政"工作体系建设调研报告》

（湖北省政研会推荐）

27.《"三全一化"思想政治工作体系的构建与实施》

（中国煤炭政研会推荐）

28.《新时代国有金融企业思想政治工作守正创新发展路径研究》

（中国金融政研会推荐）

29.《培育践行新时代中核特色关心关爱老同志文化的实践研究》

（中国核工业政研会推荐）

30.《国有企业党员领导干部理想信念教育实践研究》

（中国华电集团政研会推荐）

三类研究成果（50个）

1.《江麓产业工人队伍建设"1+4+N"路径探索研究》

（中国兵器工业政研会推荐）

2.《上海实施企业文化建设三年行动计划的调研报告》

（上海市政研会推荐）

3.《国有企业劳模精神培育研究》

（北京市政研会推荐）

4.《以科学理论诠释"硬核"力量的深刻内涵——以宁波舟山港的实践创新为例》

（浙江省政研会推荐）

5.《新技术赋能思想政治教育的现实境遇及实践超越》

（福建省政研会推荐）

6.《新时代国有企业思想政治工作体系建设研究——以国投"融合创新"思想政治工作体系实践为例》

·（中央企业党建政研会推荐）

7.《中国农业银行青年发展状况调研报告》

（中国金融政研会推荐）

8.《新时代加强国有企业精神文明建设的探索与研究》

（中国兵器装备政研会推荐）

9.《新时代构建思想政治工作大格局的实践路径研究》

（广东省政研会推荐）

10.《新时代文明实践中心在基层思想政治工作中的作用研究》

（陕西省政研会推荐）

11.《打造新时代"拼争一流"企业文化　引领加快建设世界一流企业的研究与实践》

（辽宁省政研会推荐）

12.《以党的二十大精神为指引加强和改进新时代青年思想政治工作研究》

（安徽省政研会推荐）

13.《坚持以人民为中心做好新时代国有企业思想政治工作的路径研究》

（中国机械政研会推荐）

14.《新时代培育弘扬航天精神研究》

（中国航天科技政研会推荐）

15.《产业工人队伍思想政治引领工作路径探索——基于云南省产业工人队伍思想状况调查》

（云南省政研会推荐）

16.《大学生社会主义核心价值观教育实效评估与对策建议》

（重庆市政研会推荐）

17.《以"五个坚持""五条路径"推动新时代航天企业思想政治工作创新实践》

（中国航天科工政研会推荐）

18.《内蒙古森工集团以"红色引领绿色、绿色筑牢红色"为主线的思政工作探索与实践》

（内蒙古自治区政研会推荐）

19.《伟大建党精神及其同中国共产党精神谱系关系研究》

（河北省政研会推荐）

20.《安徽省民营经济人士思想状况调研报告》

（安徽省政研会推荐）

21.《党委一线调查法：推动消防救援队伍基层思想政治工作走头走心》

（贵州省政研会推荐）

22.《新时代国有企业思想政治工作责任制建设途径研究》

（中国烟草政研会推荐）

23.《关于在银行员工风险管理中发挥思想政治工作"六字诀"作用的思考与实践》

（中国邮政政研会推荐）

24.《"五聚焦五融入"思想政治工作法的实践与探索》

（山西省政研会推荐）

25.《关于加强新时代职工思想政治引领的调查研究》

（山东省政研会推荐）

26.《国有建筑施工企业加强海外项目文化建设的探索与研究》

（中国中铁政研会推荐）

27.《关于推动社会主义核心价值观融入社会发展和百姓生活研究的调研报告》

（新疆维吾尔自治区政研会推荐）

28.《以"1+4+5+6"理想信念教育体系引领国有企业创新发展》

（中国航空政研会推荐）

29.《关于做好黑龙江省粮食安全思想政治工作的研究》

（黑龙江省政研会推荐）

30.《航天精神融入党员思想政治教育实践路径研究》

（中国航天科技政研会推荐）

31.《整体性治理视域下我国高校抵御境外宗教渗透的现状、反思与机制构建》

（福建省政研会推荐）

32.《关于以社会主义核心价值观引领草原铁路"精彩文化"建设的创新与实践》

（中国铁路政研会推荐）

33.《新时代国有企业思政工作守正创新的探索与实践》

（中国煤炭政研会推荐）

34.《基于岗位胜任力模型构建新时代国有企业青年人才工作创新实践研究》

（中国核工业政研会推荐）

35.《国有企业思想政治工作"三聚力、三赋能"创新模式研究》

（中国船舶政研会推荐）

36.《关于常态长效做好新时代青年精神素养提升工作的实践研究》

（中国华电集团政研会推荐）

37.《浅析国有企业如何为实现"中国梦"凝聚力量》

（中国黄金政研会推荐）

38.《党建引领推进产业工人思想政治建设研究》

（中国交通政研会推荐）

39.《国有企业贯彻新发展理念推动思想解放观念转变的探索与实践》

（中国石化政研会推荐）

40.《发挥先进典型示范作用　加强国有企业思想政治工作研究》

（国家电网政研会推荐）

41.《运用矩阵法做实新时代员工思想政治工作的探索实践》

（山东省政研会推荐）

42.《国有企业文化治企的文化要素及实践路径探索研究》

（四川省政研会推荐）

43.《中国铁路广州局集团有限公司关于深化"互联网＋"思想政治工作的探索与思考》

（中国铁路政研会推荐）

44.《打造精准、精确、精细的高质量服务民生品牌——以"幸福秦山"实践为例》

（中国核工业政研会推荐）

45.《加强中国石油宣传工作的调查研究》

（中国石油政研会推荐）

46.《水利干部职工 2022 年思想动态分析报告》

（中国水利政研会推荐）

47.《国有企业传承红色基因的探索和实践》

（中国金融政研会推荐）

48.《创新构建宣传思想工作"三联"机制　护航国有能源企业高质量发展的探索与实践》

（山西省政研会推荐）

49.《乡村振兴战略实施背景下农村思想政治教育的研究——以湖南省桂东县农村为例》

（湖南省政研会推荐）

50.《中国林草精神的丰富内涵、时代特征及实践启示》

（中国林业政研会推荐）

附件2

中国政研会 2022 年度优秀研究成果评选活动组织工作先进单位名单

1. 中国兵器工业政研会

2. 河北省政研会

3. 国家电网政研会

4. 中央企业党建政研会

5. 中国金融政研会

6. 上海市政研会

7. 江苏省政研会

8. 中国船舶政研会

后 记

　　为深入学习贯彻习近平新时代中国特色社会主义思想，学习贯彻党的二十大精神，贯彻落实习近平总书记关于思想政治工作的重要论述，坚持围绕中心、服务大局，推动思想政治工作理论和实践研究多出优秀成果，在进一步加强和改进思想政治工作中发挥更好作用，经中央宣传部领导批准，中国思想政治工作研究会（以下简称"中国政研会"）组织开展了2022年度优秀研究成果评选活动。

　　中国政研会2022年度优秀研究成果评审委员会由中国政研会秘书处负责同志，部分中央国家机关、省（区、市）及高校、国有企业从事思想政治工作研究和实践的同志组成，吴建春任主任，吴祖平、李小标、洪波、王晓华、徐璐、王滨、濮旭、朱向军、徐耀强、戴木才、范希春、李清泉、练玉春、吴瑞虎为成员。评审委员会下设办公室，王毅任主任。评选活动从2023年1月启动申报，截至2023年4月初，共收到29家省、自治区、直辖市和新疆生产建设兵团政研会，35家全国性行业（系统）政研会报送的研究成果304篇。8月下旬，经评审委员会三轮评审，评选出一类优秀研究成果 20 篇、二类优秀研究成果 30 篇、三类优秀研究成果 50 篇。

为进一步做好优秀研究成果的转化，中国政研会秘书处将部分一类优秀研究成果编辑出版。这些研究成果包括大力弘扬中国共产党精神谱系、党史学习教育常态化长效化、加强和改进新时代思想政治工作、核心价值观、推动高质量发展、传承红色基因、发挥先进典型示范作用等主题，值得广大思想政治工作干部学习参考。陈笑雪、范林芳、张朋智、戈志宝、俞颖杰、李楠楠、施希茜等同志参加了本书的审读、修改、编辑工作。

编　者

2023 年 9 月